全国“八五”普法学习读本系列

法律明白人
应知应会劳动劳务
法律实用手册

全国“八五”普法学习读本编写组　编

法律出版社
LAW PRESS · CHINA
北京

图书在版编目(CIP)数据

法律明白人应知应会劳动劳务法律实用手册 / 全国"八五"普法学习读本编写组编. -- 北京 : 法律出版社, 2022(2023.9 重印)
ISBN 978-7-5197-6569-9

Ⅰ. ①法… Ⅱ. ①全… Ⅲ. ①劳动法-中国-通俗读物 Ⅳ. ①D922.505

中国版本图书馆 CIP 数据核字(2022)第 052931 号

法律明白人应知应会劳动劳务法律实用手册
FALÜ MINGBAIREN YINGZHI YINGHUI LAODONG LAOWU FALÜ SHIYONG SHOUCE

全国"八五"普法学习读本编写组 编

策划编辑 沈小英
责任编辑 陈 妮 王 鸿
装帧设计 汪奇峰

出版发行 法律出版社
编辑统筹 法治与经济出版分社
责任校对 王 丰 郭艳萍 晁明慧
责任印制 吕亚莉
经 销 新华书店

开本 A5
印张 7.5 **字数** 153 千
版本 2022 年 4 月第 1 版
印次 2023 年 9 月第 3 次印刷
印刷 固安华明印业有限公司

地址:北京市丰台区莲花池西里 7 号(100073)
网址:www.lawpress.com.cn
投稿邮箱:info@lawpress.com.cn
举报盗版邮箱:jbwq@lawpress.com.cn
销售电话:010-83938349
客服电话:010-83938350
咨询电话:010-63939796

书号:ISBN 978-7-5197-6569-9 **定价**:48.00 元
凡购买本社图书,如有印装错误,我社负责退换。电话:010-83938349

撰稿人

于楚涵　阎　天

编写说明

2020年11月16日至17日召开的中央全面依法治国工作会议，明确了习近平法治思想在全面依法治国工作中的指导地位，这是我国社会主义法治建设中具有现实意义和深远意义的大事。习近平法治思想是马克思主义法治理论中国化的最新成果，是习近平新时代中国特色社会主义思想的重要组成部分，是全面依法治国的根本遵循和行动指南。

在习近平新时代中国特色社会主义思想指导下，为深入学习贯彻习近平法治思想，我们编写了《法律明白人应知应会劳动劳务法律实用手册》，以落实《中央宣传部、司法部关于开展法治宣传教育的第八个五年规划（2021—2025年）》，切实抓好普法学习宣传，维护好村民的劳动权益，解决其日常生产生活中的法律问题，增强其法治观念，提升其法治素养。"法律明白人"培养工作被纳入法治社会建设和乡村振兴总体规划，作为加快推进乡村人才振兴工作的重要内容，也是加强基层普法工作队伍建设、健全精准有效普法工作体系的重要举措。法律明白人应在宣传习近平法治思想、法律、法规、党的政策，引导法律服务，化解矛盾纠纷,提高法律意识,参与社会治理中发挥示范引领作用,以推动农村形成办事依法、遇事找法、解决问题用法、化解矛盾靠法的法治环境。

学习宣传劳动法具有重要的政治、社会和经济意义:其一,劳动法是中国特色社会主义法治体系的重要组成部分。学习宣传劳动法,有利于法治文化的普及和法律制度的完善,推动包括劳动法在内的中国特色社会主义法治体系建设取得历史性成就。其二,劳动争议在社会纠纷中占有相当比例,劳动法与广大群众的切身利益息息相关。学习宣传劳动法,有利于劳动者维护自身合法权益。其三,劳动法是社会关注度高、社会矛盾较集中的领域。通过学习宣传劳动法,可以引导广大群众特别是村民树立正确的劳动观和法治观,凝聚社会共识,预防和化解社会矛盾。

本书的编写特色与特点:

第一,根据我国现行劳动法律体系的结构和侧重,编写全书的内容。60 个聚焦村民日常生产生活的劳动劳务法律问题,涵盖了《劳动法》《劳动合同法》《就业促进法》《劳动争议调解仲裁法》等法律、法规、规章的主要规范,并且有选择地吸收了司法经验和地方法治的实践情况,使本书成为集法律规范与案例观点于一身的专业工具书。

第二,根据劳动争议的实际情况,重点突出对以下内容的解说,努力让读者获得“有问必答”的体验:一是劳动关系的认定和劳动合同的订立;二是法律对用人单位单方解除或终止劳动合同的限制；三是劳动者在工资、奖金等方面的经济利益保护；四是加班加点、工伤和职业病等情形下劳动者利益的保护。

第三，每个问题除设立“案例”“法律分析”“知识链接”等常规栏目外，特设“纠纷解决技巧”栏目，结合劳动争议解决的实际情况，引导读者理性地看待纠纷、科学地解决纠纷。每页配有笔记区，供读者学习时做笔记使用。每个问题均配有试题，方便读者检验学习成果，增强阅读印象。同时，本书附一套测试题，用于“法律明白人”自测、任前培训、上岗考核使用。

第四，深入浅出地讲解法律问题，把法律术语转化为生活语言、群众语言，力求简洁、平易；文风精炼，详略得当，重点突出，让读者轻松读、看得懂。

普法宣传是一个长期、持续的过程，任重道远。2020 年 12 月，中共中央印发了《法治社会建设实施纲要（2020—2025 年）》，明确提出到 2025 年，“八五”普法规划实施完成，法治观念深入人心，社会领域制度规范更加健全，社会主义核心价值观要求融入法治建设和社会治理成效显著，公民、法人和其他组织合法权益得到切实保障。希望本书能为中国特色社会主义法治体系建设、乡村振兴战略实施、“法律明白人”培养、村民的权益维护发挥作用，作出应有的贡献。

全国“八五”普法学习读本编写组

2022 年 4 月

目录

Contents

笔记区

1. 保姆是不是法律意义上的劳动者?

案例

小张和小李是同村村民,都在城里当保姆,但是二人的情况又有所不同。小张因经验丰富且经过正规培训,取得了家政服务师的资格认证,与家政公司签订了劳动合同,成为公司员工,工作由公司安排,每月无论工作量多少都可领取不低于最低工资标准的薪水,并且公司还会为她办理社保。小李则只是在家政公司进行了登记,由公司将其介绍给雇主,每月薪水由雇主发放,根据工作量的多少进行浮动,并且雇主也不会为她办理社保。二人同为保姆,工作内容与强度相似,待遇却极为不同,小李对此感到十分困惑,咨询人社局的工作人员后得知,小张与家政公司之间存在劳动关系,是法律意义上的劳动者,自己与雇主间则不存在劳动关系,不是法律意义上的劳动者。小李更加疑惑了:究竟什么样的保姆才是法律意义上的劳动者?

法律分析

现实生活中,劳动者的概念非常宽泛,一切从事体力劳动抑或脑力劳动的人都可被称作“劳动者”,如工人、农

笔记区

民、教师、作家、公务员等。但在法律上，劳动者的范围受到严格限制，主要包括与企业、个体经济组织、民办非企业单位等组织间存在劳动关系的人员以及与国家机关、事业组织、社会团体间存在劳动合同关系的人员。就"保姆"这一职业而言，实践中主要存在两种情形：一是"员工制"家政公司的保姆。他们直接受雇于公司，因与公司间存在劳动关系而具备劳动者主体资格。二是"中介制"家政公司的保姆。他们直接受雇于个人或家庭，与雇主间仅存在民事合同关系，不属于法律意义上的"劳动者"。在本案中，小张便属于能够得到劳动法保障的"员工制"保姆，小李则是不受劳动法保障的"中介制"保姆。值得注意的是，尽管小李并非法律意义上的"劳动者"，但当其与雇主间存在纠纷时依然可以寻求劳动法之外的民法等法律规范的保障，以此维护自身合法权益。

知识链接

《中华人民共和国劳动法》第二条　在中华人民共和国境内的企业、个体经济组织（以下统称用人单位）和与之形成劳动关系的劳动者，适用本法。

国家机关、事业组织、社会团体和与之建立劳动合同关系的劳动者，依照本法执行。

《中华人民共和国劳动合同法》第二条　中华人民共

笔记区

和国境内的企业、个体经济组织、民办非企业单位等组织(以下称用人单位)与劳动者建立劳动关系,订立、履行、变更、解除或者终止劳动合同,适用本法。

国家机关、事业单位、社会团体和与其建立劳动关系的劳动者,订立、履行、变更、解除或者终止劳动合同,依照本法执行。

原劳动部《关于贯彻执行〈中华人民共和国劳动法〉若干问题的意见》 4. 公务员和比照实行公务员制度的事业组织和社会团体的工作人员,以及农村劳动者(乡镇企业职工和进城务工、经商的农民除外)、现役军人和家庭保姆等不适用劳动法。

纠纷解决技巧

"员工制"保姆与"中介制"保姆各有利弊。前者相对稳定,保障更充分,但也因企业承担了社保等费用,为限制用工成本,会相应降低保姆的薪酬水平;后者由雇主与保姆协议薪酬,保姆的报酬与工作的质与量直接挂钩,薪酬水平相对较高,但也具有不够稳定、保姆权益受损时维权难等缺点。在从事相关工作时,劳动者应合理权衡利弊,明确自身工作类型。当发生争议时,无论是"员工制"抑或"中介制"保姆,都要善于拿起法律的武器,运用劳动法、民法等法律规范,合法、有效地解决纠纷,维护自身合法

笔记区

权益。

试题

哪种类型的保姆具备法律意义上的劳动者主体资格？（　　）①

A. 员工制保姆　　B. 中介制保姆

C. 两种都具备　　D. 两种都不具备

① 答案：A。

笔记区

▶ 2. 村委会是否具有用人单位主体资格?

案例

某村村委会对外招聘门卫人员,刘大爷成功应聘上岗。工作半年以来,村委会一直未与刘大爷签订劳动合同,也没有为他缴纳社保。刘大爷与村委会进行协商,却被告知村委会不具有劳动法上的用人单位主体资格,其与刘大爷之间也不存在劳动关系。刘大爷一时犯了难:村委会怎么就不是用人单位了?法律上的用人单位又有哪些?

法律分析

劳动法对于用人单位的范围进行了限定,主要包括企业、个体经济组织、民办非企业单位等组织,国家机关、事业单位、社会团体,以及依法成立的会计师事务所、律师事务所等合伙组织和基金会。村委会是村民自我管理、自我教育、自我服务的基层群众性自治组织,旨在保障农村村民实行自治,并办理本村的公共事务和公益事业。从性质上看,村委会实际上无法归入上述劳动法中用人单位的基本范畴。因此,村委会不与刘大爷订立劳动合同、不为他缴纳社保的做法并不违背现行劳动法的规定。

笔记区

知识链接

《中华人民共和国劳动合同法》第二条 中华人民共和国境内的企业、个体经济组织、民办非企业单位等组织(以下称用人单位)与劳动者建立劳动关系,订立、履行、变更、解除或者终止劳动合同,适用本法。

国家机关、事业单位、社会团体和与其建立劳动关系的劳动者,订立、履行、变更、解除或者终止劳动合同,依照本法执行。

《中华人民共和国劳动合同法实施条例》第三条 依法成立的会计师事务所、律师事务所等合伙组织和基金会,属于劳动合同法规定的用人单位。

《中华人民共和国村民委员会组织法》第二条 村民委员会是村民自我管理、自我教育、自我服务的基层群众性自治组织,实行民主选举、民主决策、民主管理、民主监督。

村民委员会办理本村的公共事务和公益事业,调解民间纠纷,协助维护社会治安,向人民政府反映村民的意见、要求和提出建议。

村民委员会向村民会议、村民代表会议负责并报告工作。

纠纷解决技巧

尽管村委会不具有劳动法上用人单位主体资格,其与外聘人员之间也不存在劳动关系,但这并不意味着村委会的用工行为不受法律调整。当工作人员与村委会间发生纠纷时,其依然可以向人民法院提起诉讼,在劳动法之外寻求民法、刑法等其他法律规范的救济。

试题

以下哪一主体不具备法律意义上的用人单位主体资格?(　　)①

A. 国有企业　　B. 公立学校

C. 律师事务所　　D. 村民委员会

① 答案:D。

笔记区

3. 进城务工是否需要签订劳动合同？

案例

小花进城打工，在同村王婶开的饭店中当服务员。工作了半个月，饭店都没有与小花订立劳动合同。小花前去问王婶，王婶却说大家都是老乡，没必要签合同，并承诺自己一定会按事先约定的数额给小花发放工资，还会按时给她缴纳社保。碍于老乡情谊，小花也没再说什么，但想到工作这么重要的事居然没有白纸黑字的合同，她还是有些放心不下，想知道是不是老乡之间就可以不签劳动合同？劳动合同到底有什么作用呢？

法律分析

书面形式的劳动合同是确立劳动关系、明确劳动者与用人单位双方权利与义务的协议，发挥着预防纠纷以及在发生争议时确定劳资合意内容的重要功能。尽管在劳动关系成立阶段，用人单位可能为劳动者许下美好的承诺，但是“口说无凭”；一旦双方发生纠纷，这些口头承诺不仅难以作为法律上的证据使用，而且在缺乏书面劳动合同的情况下，证明二者间存在劳动关系都可能成为一件难事。也正因此，劳动法将订立书面劳动合同作为用人单位的一

笔记区

项重要义务,以此保障劳动者的合法权益。在本案中,王婶以老乡为由不与小花签订劳动合同的做法显然违反劳动法的规定,小花应对此保持警惕,并坚决要求王婶与之签订书面劳动合同,以避免在未来发生纠纷时将自己置于不利处境,造成难以维权的后果。

知识链接

《中华人民共和国劳动法》第十六条 劳动合同是劳动者与用人单位确立劳动关系、明确双方权利和义务的协议。

建立劳动关系应当订立劳动合同。

《中华人民共和国劳动合同法》第十条 建立劳动关系,应当订立书面劳动合同。

已建立劳动关系,未同时订立书面劳动合同的,应当自用工之日起一个月内订立书面劳动合同。

用人单位与劳动者在用工前订立劳动合同的,劳动关系自用工之日起建立。

纠纷解决技巧

订立书面劳动合同是用人单位的一项法定义务。劳动者在进城务工时应牢记这一点,切勿因为老乡、熟人等情况而麻痹大意,轻易放弃自己的重要权益。在用人单位拒不签订劳动合同时,也要善于运用法律武器维护自己的

笔记区

合法权益,要求用人单位补签劳动合同,并承担相应的法律责任。

试题

以下哪一选项符合法律规定?( )[1]

A. 用人单位在建立劳动关系时可以结合自身需要决定是否订立劳动合同

B. 不订立书面劳动合同就意味着劳动关系不存在

C. 已建立劳动关系,未同时订立书面劳动合同的,用人单位应当自用工之日起一个月内订立书面劳动合同

D. 用人单位与劳动者在用工前订立劳动合同的,劳动关系自订立合同之日起建立

---

① 答案:C。

笔记区

▶ 4. 用人单位不签劳动合同时劳动者的权益应如何得到保障?

案例

小吴在一家物业公司从事保安工作,公司每月定期向他支付劳动报酬,但一直未签订劳动合同。小吴对此也感到纳闷:从刚上班起他就多次询问公司签订劳动合同的事宜,但都被经理以不同理由搪塞过去。现在他已经工作了一年多,公司给他的待遇一直不错。他觉得既然工作已经稳定下来了,不签劳动合同也没什么关系。直到最近他听到朋友说签订劳动合同是用人单位必须承担的法定义务,如果不签还应对劳动者进行赔偿。小吴想知道劳动法对于用人单位不签订劳动合同所需要承担的责任是如何规定的,他的情况能够得到哪些赔偿?

法律分析

用人单位不与劳动者订立书面劳动合同时需要承担的法律责任,可以分三种情况讨论:第一种,自用工之日起1个月内未订立书面劳动合同的,没有法律后果;第二种,自用工之日起超过1个月不满1年未订立书面劳动合同的,用人单位自第二个月起向劳动者每月支付2倍的工

笔记区

资;第三种,自用工之日起超过1年未订立书面劳动合同的,视为用人单位与劳动者自满1年的当日起订立了无固定期限劳动合同。针对本案中小吴的情况,他曾多次同公司协商签订劳动合同,但都因公司原因未能成功,这说明公司在相关事宜中存在逃避法律责任的故意。加之小吴目前在未签订劳动合同的状态下已经工作满1年,说明其与公司间已经自动成立无固定期限劳动合同,公司也应立即与小吴补签书面形式的无固定期限劳动合同。

知识链接

《中华人民共和国劳动合同法》

第十条 建立劳动关系,应当订立书面劳动合同。

已建立劳动关系,未同时订立书面劳动合同的,应当自用工之日起一个月内订立书面劳动合同。

用人单位与劳动者在用工前订立劳动合同的,劳动关系自用工之日起建立。

第十四条第三款 用人单位自用工之日起满一年不与劳动者订立书面劳动合同的,视为用人单位与劳动者已订立无固定期限劳动合同。

第八十二条 用人单位自用工之日起超过一个月不满一年未与劳动者订立书面劳动合同的,应当向劳动者每月支付二倍的工资。

笔记区

用人单位违反本法规定不与劳动者订立无固定期限劳动合同的，自应当订立无固定期限劳动合同之日起向劳动者每月支付二倍的工资。

纠纷解决技巧

劳动法在订立劳动合同问题上给予了劳动者较充分的保障。在现实中，若劳动者遇到与小吴类似的情况，可以运用法律武器维护自身权益。但要注意的是，劳动者千万不要采取“劳动碰瓷”的行为，故意不签劳动合同以诈取二倍工资或无固定期限劳动合同。这类行为不仅难以得到法律支持，还可能会使劳动者丢失宝贵的工作机会，得不偿失。

试题

以下哪一选项属于因用人单位原因不与劳动者订立劳动合同时，用人单位需要承担的法律后果？(　　)①

A. 自用工之日起 1 个月内未订立劳动合同的，用人单位需要向劳动者每月支付经济补偿金

B. 自用工之日起超过 1 个月未订立劳动合同的，视为用人单位与劳动者自满 1 月的当日起订立了无固定期限劳动合同

---

① 答案：D。

笔记区

C. 自用工之日起超过1年未订立劳动合同的,用人单位自满1年的当月起向劳动者每月支付2倍的工资

D. 以上选项都不对

笔记区

▶ 5. 劳动合同应当包含哪些内容?

案例

老张在某物流公司做司机。在办理入职时,公司仅与其签订了一份题为“劳动协议”的文件,其中只写明了用人单位的名称、老张的姓名以及老张从事的工作岗位、月薪、工作时间与休息休假安排。老张觉得合同内容过少,在应聘时与公司协商好的社保、奖金等内容都没有在合同中写明。但公司表示这就是公司标准的劳动合同,其他员工签署的都是这样的合同,并让老张放心,在招聘时约定的福利都会好好安排。老张仍然觉得不妥,想知道劳动合同真的就是如此简单的文件吗?他所关注的福利待遇不写在合同里到底合不合理呢?

法律分析

为充分保障劳动者的合法权益,劳动法对于劳动合同的必备条款进行了明确规定,其应当包括用人单位及劳动者的相关信息、劳动合同的期限、工作内容与地点、工作时间与休息休假、劳动报酬、社会保险、劳动安全卫生等内容。此外,劳动行政部门也以相关法律规定为基础,制作了标准格式的劳动合同书以供劳资双方使用。在本案中,

笔记区

从老张与某物流公司签订的“劳动协议”内容来看，该公司实际上并未采用规范的劳动合同，而是采用了自行制作的并未充分囊括劳动合同必备条款的劳动合同文本，该合同无法等同于法定的书面劳动合同。显然，物流公司这一行为具有规避劳动法规定、损害劳动者合法权益的恶意，与法不符，应予纠正。

知识链接

《中华人民共和国劳动合同法》

第十七条 劳动合同应当具备以下条款：

（一）用人单位的名称、住所和法定代表人或者主要负责人；

（二）劳动者的姓名、住址和居民身份证或者其他有效身份证件号码；

（三）劳动合同期限；

（四）工作内容和工作地点；

（五）工作时间和休息休假；

（六）劳动报酬；

（七）社会保险；

（八）劳动保护、劳动条件和职业危害防护；

（九）法律、法规规定应当纳入劳动合同的其他事项。

劳动合同除前款规定的必备条款外，用人单位与劳动

笔记区

者可以约定试用期、培训、保守秘密、补充保险和福利待遇等其他事项。

第八十一条 用人单位提供的劳动合同文本未载明本法规定的劳动合同必备条款或者用人单位未将劳动合同文本交付劳动者的,由劳动行政部门责令改正;给劳动者造成损害的,应当承担赔偿责任。

纠纷解决技巧

劳动者在与用人单位订立书面劳动合同时,应高度关注合同形式与合同内容,既要对以多种形式的协议文件掩盖劳动关系的行为保持警惕,也要注意合同条款是否囊括必备条款。此外,如在开始工作后发现劳动合同存在问题,也可及时维权,要求用人单位承担劳动合同缺乏必备条款乃至于未订立书面劳动合同的法律责任。

试题

劳动合同的法定必备条款不包括以下哪一项?(　　)①

A. 用人单位的法定代表人或主要负责人

B. 劳动者的家庭情况

C. 劳动保护、劳动条件和职业危害防护

D. 工作的内容与地点

---

① 答案:B。

笔记区

6. 在签订劳动合同时隐瞒自身婚育状况是否合法？

案例

周某在应聘某岗位时，由于朋友提醒她有些单位为了避免女职工婚假、产假等带来的“旷工”情况，可能更倾向于录用已婚已育的员工。她便隐瞒了自身婚育状况，在职工登记表中填写了“已婚”“已育”。后来，当周某结婚，向公司提出休婚假时，公司不仅不给假，还指出周某在当初应聘时存在欺诈行为，并以此为由认定双方之间的劳动合同无效，要求周某从公司离职。对此，周某感到十分懊恼和困惑，她实在没想到隐瞒婚育情况竟使自己丢了工作，但她同时也想知道自己的行为是否真的违反法律规定，构成欺诈呢？

法律分析

在劳动合同的订立阶段，为增强劳资双方的信赖，并为双方双向选择提供基础性信息，劳动法明确规定用人单位与劳动者分别具有告知义务及说明义务。就劳动者的说明义务而言，法律仅要求其说明与劳动合同直接相关的基本情况，主要包括劳动者的学历、工作经历、所掌握的技能等内容。婚育状况本质上属于劳动者的个人隐私,通常不会对劳动者能否胜任工作产生影响。用人单位出于降低用工成本的考虑而询问女职工婚育状况的做法不仅超越了其知情权的范畴,也可能造成性别歧视等不良后果,与法不符。具体到本案,由于法律并未规定劳动者具有向用人单位如实告知婚育状况的义务,周某的隐瞒行为不构成欺诈,也不会带来劳动合同无效的法律后果。

知识链接

《中华人民共和国劳动合同法》第八条 用人单位招用劳动者时,应当如实告知劳动者工作内容、工作条件、工作地点、职业危害、安全生产状况、劳动报酬,以及劳动者要求了解的其他情况;用人单位有权了解劳动者与劳动合同直接相关的基本情况,劳动者应当如实说明。

人力资源和社会保障部、教育部、司法部等九部门《关于进一步规范招聘行为促进妇女就业的通知》 二、依法禁止招聘环节中的就业性别歧视。各类用人单位、人力资源服务机构在拟定招聘计划、发布招聘信息、招用人员过程中,不得限定性别(国家规定的女职工禁忌劳动范围等情况除外)或性别优先,不得以性别为由限制妇女求职就业、拒绝录用妇女,不得询问妇女婚育情况,不得将妊娠测试作为入职体检项目,不得将限制生育作为录用条件,不

笔记区

得差别化地提高对妇女的录用标准。国有企事业单位、公共就业人才服务机构及各部门所属人力资源服务机构要带头遵法守法,坚决禁止就业性别歧视行为。

纠纷解决技巧

为杜绝就业性别歧视,法律禁止用人单位在招聘环节中询问妇女的婚育状况;当劳动者遇到此类情形时,可以保持沉默,必要时作不实陈述也不违反法律规定。如果事后用人单位以劳动者隐瞒婚育状况、存在欺诈行为为由主张二者之间的劳动合同无效,劳动者也可交由劳动争议仲裁机构或者法院确认合同的效力状态,以法律手段维护自身合法权益。

试题

劳动者在求职时隐瞒自身婚育状况会有什么法律后果?(　　)①

A. 违反劳动者的告知义务,单位应将其辞退

B. 构成欺诈,劳动合同无效

C. 劳动者需向单位进行赔偿

D. 不构成违法,无法律后果

① 答案:D。

笔记区

7. 用人单位要求劳动者缴纳“合同签约金”的行为是否合法?

案例

小赵到某工厂应聘,入职当天工厂以签约金的形式收取其1200元保证金,承诺工作后每月返还200元。小赵要求工厂提供发票或付款凭条作为凭证,但公司以各种理由搪塞,最终也未开具任何凭证。工作3个月后,小赵发现该工厂卫生环境差、人事管理混乱而决定离职。在找工厂负责人协商退钱时,对方表示小赵是违反合同主动离职,且并未工作满6个月,拒绝退还剩余的签约金。小赵十分疑惑,工厂凭什么向自己收取保证金来限制自己的工作时限?这是否有法律依据?

法律分析

尽管要求劳动者提供担保有助于增强用人单位对劳动者的信任程度,提高用工的稳定性,但同时也会对劳动者带来不合理的限制。例如,有些劳动者会为了收回缴纳的保证金,而工作到保证金得以全部退回的时长,这显然是对其择业自由的不合理限制。也正因此,劳动法严令禁止用人单位要求劳动者提供担保或以其他名义向劳动者

笔记区

收取财物的行为。在本案中,工厂收取保证金的行为具有违法性,而且其在小赵离职时仍拒不退还剩余保证金的做法也违反了劳动法的规定。

知识链接

《中华人民共和国劳动合同法》

第九条 用人单位招用劳动者,不得扣押劳动者的居民身份证和其他证件,不得要求劳动者提供担保或者以其他名义向劳动者收取财物。

第八十四条第二款 用人单位违反本法规定,以担保或者其他名义向劳动者收取财物的,由劳动行政部门责令限期退还劳动者本人,并以每人五百元以上二千元以下的标准处以罚款;给劳动者造成损害的,应当承担赔偿责任。

纠纷解决技巧

劳动者遇到以"合同签约金"等名义收取保证金的用人单位时需注意:在劳动合同签约阶段,对此类用人单位应保持警惕,尽可能避免与其订立劳动合同,成为这类有违法倾向乃至事实的公司的员工;在劳动合同履行阶段,如已缴纳保证金,可先与用人单位协商退还,如用人单位拒不退还,可以向劳动行政部门进行举报,由其责令单位退还保证金,并承担相应的法律责任。

7. 用人单位要求劳动者缴纳“合同签约金”的行为是否合法?

试题

笔记区

用人单位在招用劳动者时从事哪种行为属于违法?( )①

A. 留存劳动者的身份证

B. 要求劳动者缴纳保证金

C. 要求劳动者提供保证人

D. 以上行为都违法

① 答案:D。

笔记区

8. 什么是试用期?

案例

孔某应聘到某百货公司担任化妆品推销员,合同期限为2年,公司与其约定试用期为6个月,其间,基本工资为1500元(当地最低工资标准为2000元),在此基础上每月根据业绩提成。在完成第一个月的工作后,公司结合她的表现付给她劳动报酬1900元,并表示由于在工作期间,她曾出言顶撞经理,干扰了公司的正常管理活动,不适合继续从事这份工作,要求解除劳动合同。孔某十分诧异,在签订劳动合同时公司从未告知她顶撞领导和解聘之间存在联系。不过,考虑到这份工作试用期较长,且薪水并不可观,她也不打算继续在该百货公司工作。

法律分析

试用期是在劳动合同订立以后,劳动者与用人单位相互磨合、考察的过程。出于避免用人单位滥用试用期以保障劳动者合法权益的考虑,劳动法对试用期的期限、工资水平以及合同解除条件等问题进行了专门规定。在期限方面分为以下几种情况:若劳动合同期限在3个月以上但不满1年,试用期不超过1个月;劳动合同期限在1年以上

笔记区

但不满3年,试用期不超过2个月;3年以上固定期限和无固定期限的劳动合同,试用期不超过6个月。在工资水平上,试用期期间劳动者的工资不得低于本单位相同岗位最低档工资或者转正后工资的80%,且不低于最低工资标准。在劳动合同解除上,用人单位除劳动者不能胜任工作或有《中华人民共和国劳动合同法》第39条规定的情形之外,不得解除劳动合同。在本案中,某百货公司在上述三方面均存在违法情况:第一,在试用期的期限上,由于其与孔某签订的劳动合同期限为2年,试用期不应超过2个月,双方约定的6个月试用期显然违法;第二,在工资标准上,孔某得到的劳动报酬为1900元,低于当地2000元的最低工资标准;第三,在合同解除上,孔某不存在违反《中华人民共和国劳动合同法》第39条的情形,且言语顶撞领导的行为与孔某能否胜任工作并无充分关联,公司的解雇行为同样不合法。

知识链接

《中华人民共和国劳动合同法》

第十九条 劳动合同期限三个月以上不满一年的,试用期不得超过一个月;劳动合同期限一年以上不满三年的,试用期不得超过二个月;三年以上固定期限和无固定期限的劳动合同,试用期不得超过六个月。

笔记区

同一用人单位与同一劳动者只能约定一次试用期。

以完成一定工作任务为期限的劳动合同或者劳动合同期限不满三个月的,不得约定试用期。

试用期包含在劳动合同期限内。劳动合同仅约定试用期的,试用期不成立,该期限为劳动合同期限。

第二十条 劳动者在试用期的工资不得低于本单位相同岗位最低档工资或者劳动合同约定工资的百分之八十,并不得低于用人单位所在地的最低工资标准。

第二十一条 在试用期中,除劳动者有本法第三十九条和第四十条第一项、第二项规定的情形外,用人单位不得解除劳动合同。用人单位在试用期解除劳动合同的,应当向劳动者说明理由。

纠纷解决技巧

劳动者在订立劳动合同时,也要对其中的试用期条款予以重视,不能因为得到了工作机会一时高兴而忽略了其中存在的“陷阱”。劳动者应首先关注试用期的长短,如超出了法定期限应及时与公司沟通调整。其次,还有必要关注自身劳动报酬水平,通过与在岗同事沟通、查阅当地最低工资标准等方式,明确薪酬水平是否合理合法。在工作期间,当用人单位以不合理的事由提出解除劳动合同时,也应善于拿起法律武器,通过劳动争议解决机制处理纠纷,维护自身合法权益。

笔记区

试题

以下哪项属于劳动者在试用期期间能够得到的法律保障?( )①

A. 订立无固定期限劳动合同,试用期不得超过3个月

B. 试用期工资不得低于用人单位所在地最低工资标准

C. 试用期不得包含在劳动合同期限内

D. 用人单位在任何情况下都不得解除劳动合同

---

① 答案:B。

笔记区

▶ 9. 什么情况可以订立无固定期限劳动合同?

案例

蔡某于2014年6月28日入职某空调公司,双方首先签订了合同期限为2014年6月28日至2016年6月27日的为期2年的固定期限劳动合同。合同期满后,公司又与蔡某续签了为期2年的劳动合同。2018年6月27日双方合同到期后,空调公司向蔡某发出《不予续签劳动合同通知书》。蔡某认为在该公司工作待遇较好,劳动强度不高,还想续签劳动合同,且听朋友说自己的情况符合签订无固定期限劳动合同的条件,于是拒绝签收公司发出的通知书,并请求与空调公司签订无固定期限劳动合同。然而,公司拒绝了蔡某的请求。蔡某一时也没了主意,自己的情况在法律上到底能不能订立无固定期限劳动合同呢?

法律分析

为促进劳动关系的长期存续,劳动法专门设置了不明确约定劳动合同终止期限的无固定期限劳动合同制度。从成立条件上看,其既可以由用人单位与劳动者协商一致订立,也可由劳动者在连续工作满10年,或连续订立两次固定期限劳动合同且没有违法或违约记录时,主动提出续订或另订，此时除非劳动者提出订立固定期限劳动合同，否则单位必须与之订立无固定期限劳动合同。这意味着当劳动者符合订立无固定期限劳动合同条件时，用人单位没有无条件单方随意终止劳动合同的权利。具体到本案，蔡某已经与用人单位连续两次订立为期 2 年的固定期限劳动合同，且蔡某在工作期间没有违法或违约的情形，显然符合订立无固定期限劳动合同的条件。由于蔡某在拒绝签收公司发出的不续约通知时，明确提出了与公司订立无固定期限劳动合同的请求，那么公司再度拒绝的行为显然违背了法律的规定，其应依法履行与蔡某签订无固定期限劳动合同的义务。

知识链接

《中华人民共和国劳动合同法》

第十四条　无固定期限劳动合同，是指用人单位与劳动者约定无确定终止时间的劳动合同。

用人单位与劳动者协商一致，可以订立无固定期限劳动合同。有下列情形之一，劳动者提出或者同意续订、订立劳动合同的，除劳动者提出订立固定期限劳动合同外，应当订立无固定期限劳动合同：

（一）劳动者在该用人单位连续工作满十年的；

（二）用人单位初次实行劳动合同制度或者国有企业

笔记区

改制重新订立劳动合同时，劳动者在该用人单位连续工作满十年且距法定退休年龄不足十年的；

（三）连续订立二次固定期限劳动合同，且劳动者没有本法第三十九条和第四十条第一项、第二项规定的情形，续订劳动合同的。

用人单位自用工之日起满一年不与劳动者订立书面劳动合同的，视为用人单位与劳动者已订立无固定期限劳动合同。

第八十二条第二款 用人单位违反本法规定不与劳动者订立无固定期限劳动合同的，自应当订立无固定期限劳动合同之日起向劳动者每月支付二倍的工资。

纠纷解决技巧

劳动者应当明确订立无固定期限劳动合同的具体条件，当自身情况与法律规定相符时，应及时、主动向用人单位提出订立无固定期限劳动合同的请求。如单位无理拒绝，也应寻求法律救济，向用人单位主张自应当订立无固定期限劳动合同之日起每月支付二倍工资的赔偿。

试题

用人单位在以下何种条件下不得拒绝劳动者提出的

签订无固定期限劳动合同的请求?(　　)[①]

A. 劳动者在该用人单位连续工作满 10 年的

B. 用人单位初次实行劳动合同制度或者国有企业改制重新订立劳动合同时,劳动者在该用人单位连续工作满 10 年且距法定退休年龄不足 10 年的

C. 连续订立两次固定期限劳动合同,且劳动者没有《中华人民共和国劳动合同法》第 39 条和第 40 条第 1 项、第 2 项规定的情形,续订劳动合同的

D. 以上情况都不得拒绝

① 答案:D。

笔记区

▶ 10. 续订劳动合同必须降低工资是否合法?

案例

小何在某电器工厂工作,与工厂订立了为期3年的固定期限劳动合同。合同到期后,工厂负责人与小何商议续签劳动合同事宜时表示,工厂近期效益不佳,如小何想要续签合同,每月工资需下调600元;如不想续签,工厂也无法为其提供任何补偿。小何觉得工厂的做法有些强人所难,他想知道工厂不与自己协商,单方面限制劳动合同续约条件的做法是否合法?如果自己拒绝续约,是否真的不能得到任何补偿?

法律分析

续订劳动合同是指劳动合同到期后,用人单位和劳动者继续订立与原劳动合同内容相同抑或不同的劳动合同的法律行为。在这一过程中,劳资双方同样需要遵循合法、公平、平等自愿、协商一致、诚实信用的基本原则。这意味着续订劳动合同的条件与内容需要用人单位与劳动者在平等协商的基础上确定。除此之外,为避免用人单位故意降低劳动条件迫使劳动者主动放弃续约的行为,劳动法还特别要求除用人单位维持或提高劳动合同约定条件

笔记区

续订合同,劳动者不同意续订的情形外,用人单位终止固定期限劳动合同需向劳动者支付经济补偿金。在本案中,某电器工厂不仅在确定劳动合同的续订条件时未与小何进行协商,单方面作出了下调工资的不合理决定,而且也无理地排除了小何在拒绝续约时所能享有的经济补偿,显然违背了劳动法的规定,侵害了劳动者的合法权益。

知识链接

《中华人民共和国劳动合同法》

第三条 订立劳动合同,应当遵循合法、公平、平等自愿、协商一致、诚实信用的原则。

依法订立的劳动合同具有约束力,用人单位与劳动者应当履行劳动合同约定的义务。

第四十六条 有下列情形之一的,用人单位应当向劳动者支付经济补偿……(五)除用人单位维持或者提高劳动合同约定条件续订劳动合同,劳动者不同意续订的情形外,依照本法第四十四条第一项规定终止固定期限劳动合同的……

纠纷解决技巧

续订劳动合同与初次订立劳动合同一样,需要遵循劳动法的基本原则。劳动者在面临上述情况时,不能因为已经在用人单位工作了一段时间,为求安稳而轻易同意用人

笔记区

单位单方面降低合同约定条件的无理要求,而应认真与单位进行协商。如协商无果,决定终止劳动合同,也应及时向单位主张法律规定的经济补偿。

试题

在什么条件下,劳动者拒绝续订劳动合同,用人单位需要支付经济补偿金?(　　)①

A. 用人单位降低劳动合同约定条件续订劳动合同

B. 用人单位维持劳动合同约定条件续订劳动合同

C. 用人单位提高劳动合同约定条件续订劳动合同

D. 以上情况都不需要支付经济补偿金

① 答案:A。

笔记区

▶ 11. 用人单位能否单方面变更劳动者的工作岗位?

案例

周某在某连锁药房的市中心总店从事收银员的工作。因周某曾多次拒绝药房主任安排的加班工作,主任对其十分不满,在未与周某进行沟通的情况下,便联系公司人事部门将周某由总店调至郊区分店担任收银员。由于分店与周某所住小区距离很远,大大增加了周某上下班的通勤时间,对其日常生活工作带来了极大影响。周某表示抗议,人事部门却告诉他公司具有用工自主权,这一安排是公司根据正常营业需要进行的合理调整,希望周某理解并进行配合。周某依旧认为这一岗位变动非常不合理,想知道用人单位是否真的有权在未与自己进行协商的情况下随意变动工作岗位呢?

法律分析

根据劳动法的规定,通常情况下用人单位实施调整劳动者的工作岗位等变更劳动合同内容的行为时,需基于平等自愿原则与劳动者协商一致,这是对劳动者择业自主权的尊重与保障。与之相对应,用人单位也享有用工自主

笔记区

权,可以根据自身生产经营需要对劳动者的工作岗位进行适当调整。为了避免用人单位滥用这一权利,单位对于劳动者工作岗位的调整必须具备合理性,其判断标准主要包括是否基于用人单位生产经营需要、是不是对劳动合同内容的较大变更、是否对劳动者的劳动报酬及劳动条件等产生重大影响等。在本案中,对周某工作岗位进行调整的原因是药房主任对其拒绝加班的不满,显然并非基于用人单位生产经营所需。同时,药房的调岗行为也对周某的工作生活造成了极大不便,对周某劳动条件产生了重大影响。可见,药房未与周某进行协商便实施不合理调岗的行为无疑是对用工自主权的滥用,有违法律规定。

知识链接

《中华人民共和国劳动法》第十七条 订立和变更劳动合同,应当遵循平等自愿、协商一致的原则,不得违反法律、行政法规的规定。

劳动合同依法订立即具有法律约束力,当事人必须履行劳动合同规定的义务。

《中华人民共和国劳动合同法》第三十五条 用人单位与劳动者协商一致,可以变更劳动合同约定的内容。变更劳动合同,应当采用书面形式。

变更后的劳动合同文本由用人单位和劳动者各执一份。

笔记区

《中华人民共和国就业促进法》第八条 用人单位依法享有自主用人的权利。

用人单位应当依照本法以及其他法律、法规的规定,保障劳动者的合法权益。

纠纷解决技巧

为避免劳动合同履行过程中因工作岗位调整而引发不必要的纠纷,在劳资双方订立合同时,最好能够事先约定用人单位可以根据经营管理需要对劳动者的工作岗位进行调整,同时明确岗位调整的具体范围。当工作岗位调整时,用人单位也应尽可能与劳动者协商一致,以生产经营所必需作为调整岗位的基本前提,并尽量保障劳动者的权益不受到损害。当然,劳动者面对岗位调整时,也应理性判断相应变动是否真正具备合理性,遇到利益遭受损害的情况也不应妥协,及时与用人单位进行协商,并在协商未果时寻求行政、司法部门的帮助。

试题

用人单位变更劳动合同需要符合何种条件?(　　)①

A. 遵循平等自愿的原则　B. 与劳动者协商一致

C. 采用书面形式　D. 以上条件都需具备

---

① 答案:D。

笔记区

12. 公司换老板、更改名称是否需要重新签订劳动合同？

案例

小孙和小杨都在城里打工，最近他们遇到了一些困难。小孙所在的 A 公司换了新老板，老板一上任就要废止全体员工与公司间的劳动合同，要求员工重新面试应聘，应聘成功的才能与公司重新订立劳动合同。小杨所在的 B 公司变更了公司名称，老板同样要求员工重新与公司签订劳动合同，由于小杨已经与公司签了两次固定期限劳动合同，第二份合同期满后他就可以与公司订立无固定期限劳动合同，所以他十分关心重签合同是否会影响自身权益。公司负责人却告诉他公司名称改变使合同缔约方发生了变化，前两份合同不再作数，需要重新计算订立无固定期限劳动合同的工作年限及缔约次数。小孙和小杨却觉得，公司换老板、改名字并不是自己能够左右的，为这样的事情承担责任既不公平也不合理，他们想知道这样的事情在法律上是如何规定的。

法律分析

公司更换老板、更改名称虽然带来了劳动合同内容的变更,但是相关事宜没有使劳动合同订立时所依据的客观情况发生重大变化,并未从根本上影响劳动合同的履行,故劳动法规定,包括用人单位名称、法定代表人、主要负责人、投资人等事项发生的改变并不影响劳动合同的履行。此外,从劳动合同终止事由上看,主要包括劳动合同期满、劳资双方主体资格灭失等情况。部分用人单位以换老板、更名等事由故意废止、终止劳动合同的做法也超越了法律规定的劳动合同终止范畴。具体到本案中,小孙、小杨各自的公司以换新老板、更改名称为由废止劳动合同,分别要求员工重新竞争上岗、重新订立劳动合同的做法都违反了法律规定。两公司不仅应依法继续履行其同劳动者之间的劳动合同,也应延续计算劳动者的工作年限、合同缔约次数,在符合法定条件时与员工订立无固定期限劳动合同。

知识链接

《中华人民共和国劳动合同法》

第三十三条　用人单位变更名称、法定代表人、主要负责人或者投资人等事项,不影响劳动合同的履行。

第四十四条　有下列情形之一的,劳动合同终止:

(一)劳动合同期满的;

(二)劳动者开始依法享受基本养老保险待遇的;

笔记区

（三）劳动者死亡，或者被人民法院宣告死亡或者宣告失踪的；

（四）用人单位被依法宣告破产的；

（五）用人单位被吊销营业执照、责令关闭、撤销或者用人单位决定提前解散的；

（六）法律、行政法规规定的其他情形。

纠纷解决技巧

在现实生活中，公司换老板、更改名称等事由看似具有重要影响，但其影响对象通常仅限于公司的内部管理与外部经营，并不干扰劳动合同的继续履行。因此，当劳动者遇到此类情况时，切勿轻信公司的各种说法，而是要将法律规定牢记心中，在自身权益遭到公司侵犯时，应以法为据，据理力争，避免落入公司的“圈套”。

试题

以下何种情况需要重新订立劳动合同？（　　）①

A. 用人单位变更名称　　B. 用人单位更换老板

C. 用人单位更换投资人　D. 劳动合同期满

① 答案：D。

笔记区

▶ 13. 劳动者单方解除劳动合同需要具备哪些条件?

案例

徐大爷在某建筑公司工作,由于公司为其提供的安全帽、安全鞋、防护手套等质量较差,与劳动合同中约定的劳动保护条件不符合,徐大爷多次与公司反映都没有得到改善,他觉得在该公司工作无法保障其安全健康,于是向公司提出离职。公司却告诉他需要提前30日以书面形式通知公司,才能办理离职手续。徐大爷于是重新递交了书面的辞职信。在离职前的一次施工工作中,项目负责人要求徐大爷驾驶挖掘机强拆危房。根据工作经验,徐大爷认为危房随时有坍塌的风险,强行拆迁十分危险,遂向负责人说明情况。然而,负责人却坚持让徐大爷尽快拆除,否则就扣他的工钱。徐大爷很生气,当场即表示不干了。没想到过了几天到单位办理离职手续时,公司却说他擅离职位的行为影响了工程进度,给公司造成了损失,要求他进行赔偿,否则便不给他办理离职手续。

法律分析

在劳动法上,劳动者单方解除劳动合同的情形可以分

笔记区

为三种:第一种,用人单位无过错的,劳动者提前30日书面通知用人单位,可以解除劳动合同;第二种,用人单位存在未按劳动合同约定提供劳动保护或劳动条件、未及时足额支付劳动报酬、未依法缴纳社保、规章制度违法违规等违约或违法行为时,劳动者即时口头通知用人单位,可以解除劳动合同;第三种,用人单位强迫劳动,或者强令冒险作业的,劳动者无须通知用人单位就可以解除劳动合同。在本案中,徐大爷第一次辞职便是因为用人单位存在劳动保护条件与合同不符的违约情况,他口头辞职的行为完全符合法律规定,无须提前30日以书面形式通知公司,公司的额外要求是没有法律依据的。徐大爷的第二次辞职则发生于项目负责人强令冒险作业的情形下,此时即使他不告知用人单位,也可立即解除劳动合同,故他的行为并非用人单位所说的"擅离职位",用人单位要求他赔偿损失的做法也是不合理的。

知识链接

《中华人民共和国劳动合同法》

第三十七条 劳动者提前三十日以书面形式通知用人单位,可以解除劳动合同。劳动者在试用期内提前三日通知用人单位,可以解除劳动合同。

第三十八条 用人单位有下列情形之一的,劳动者可

以解除劳动合同:

(一)未按照劳动合同约定提供劳动保护或者劳动条件的;

(二)未及时足额支付劳动报酬的;

(三)未依法为劳动者缴纳社会保险费的;

(四)用人单位的规章制度违反法律、法规的规定,损害劳动者权益的;

(五)因本法第二十六条第一款规定的情形致使劳动合同无效的;

(六)法律、行政法规规定劳动者可以解除劳动合同的其他情形。

用人单位以暴力、威胁或者非法限制人身自由的手段强迫劳动者劳动的,或者用人单位违章指挥、强令冒险作业危及劳动者人身安全的,劳动者可以立即解除劳动合同,不需事先告知用人单位。

纠纷解决技巧

劳动者要明确自己可以单方面解除劳动合同的三种情形,以及其各自对应的告知期限与条件。当劳动者提出辞职时,如用人单位以各种理由进行搪塞乃至刁难,劳动者也不应妥协,而应以劳动法为依据与武器,提出并维护自己的合法主张。必要时,还可采取劳动争议解决机制处

笔记区

理纠纷,维护权益。

试题

在何种条件下,劳动者无须通知用人单位就可以解除劳动合同?（　　）[①]

A. 劳动者遇到更合适的工作机会决定跳槽

B. 用人单位没有及时足额向劳动者支付劳动报酬

C. 用人单位未按照劳动合同约定提供劳动保护或者劳动条件

D. 用人单位以暴力、威胁或者非法限制人身自由的手段强迫劳动者劳动

① 答案:D。

笔记区

▶ 14. 用人单位无须事先通知单方解除劳动合同需要具备哪些条件?

案例

小赵驾驶经验丰富,通过学习考取机动车驾驶培训教练员证后,在某驾校从事教练员工作。工作一段时间后,小赵收到了驾校向其发来的《解除/终止劳动合同通知书》,解聘理由为小赵违反了驾校在员工入职时发放的《员工手册》所载明的"在教学过程中,教练员不得拨打、接听、观看手机,如有三次违反,公司可与教练员解除劳动合同"的规定。教练车的车载监控显示,小赵的确在教学期间多次观看手机,小赵也承认自己在工作中存在失误。不过,小赵仍想知道,公司未给自己寻找下一份工作的过渡期便立即解除劳动合同的行为是否合法呢?自己又能否获得一定的补偿呢?

法律分析

为保护劳动者的合法权益,避免用人单位滥用解雇权利,劳动法要求用人单位在单方面解除劳动合同时,通常需要先通知工会,再向劳动者发出解约通知并送达劳动者。法律允许用人单位无须事先通知即可解除劳动合同,

笔记区

且无须支付经济补偿金的情形仅限于以下6种情况：(1)劳动者在试用期内被证明不符合录用条件的；(2)劳动者严重违反用人单位的规章制度的；(3)劳动者严重失职，给用人单位造成重大损害的；(4)劳动者同时与其他用人单位建立劳动关系，对完成本单位的工作任务造成严重影响，或者经用人单位提出，拒不改正的；(5)劳动者因欺诈、胁迫或乘人之危而致使劳动合同无效的；(6)劳动者被依法追究刑事责任的。在本案中，小赵正是因为存在其中的第二种情形而被用人单位解除劳动合同，此时单位既不需要提前告知，也不需要对其进行经济补偿。不过，由于“严重违反用人单位的规章制度”并不具体，具有一定的解释空间，若用人单位规章制度本身存在侵犯劳动者权益的不合理之处，用人单位据此未事先通知即单方解除劳动合同依然构成违法解除。针对小赵的情形，在车辆驾驶的教学过程中，观看手机对于车内外人员的生命安全以及车辆本身的财产安全都具有较大影响，驾校《员工手册》对于该行为的禁止具有合理性。在此意义上，驾校即时解除与小赵之间的劳动合同，并不支付经济补偿的行为无疑合理合法，并无不当。

知识链接

《中华人民共和国劳动合同法》第三十九条 劳动者

有下列情形之一的,用人单位可以解除劳动合同:

(一)在试用期间被证明不符合录用条件的;

(二)严重违反用人单位的规章制度的;

(三)严重失职,营私舞弊,给用人单位造成重大损害的;

(四)劳动者同时与其他用人单位建立劳动关系,对完成本单位的工作任务造成严重影响,或者经用人单位提出,拒不改正的;

(五)因本法第二十六条第一款第一项规定的情形致使劳动合同无效的;

(六)被依法追究刑事责任的。

纠纷解决技巧

在用人单位无须事先通知即可单方解除劳动合同的6种情形中,实践中的争议多集中于情形二,即劳动者严重违反用人单位的规章制度。由于制定规章制度本身即属于用人单位行使自主权的情形,有的用人单位为规避解除劳动合同带来的高额经济补偿,可能会在规章制度的内容上做文章,以一些莫名其妙的理由解雇劳动者。当劳动者遭遇此类情况时,如认为自身并未违反相关规章,或认为规章本身不合法或不合理,可交由劳动争议解决机构处理,合法维权。

笔记区

试题

用人单位在何种情况下解除劳动合同无须提前30日告知劳动者并支付经济补偿？（　　）[①]

A. 劳动者在试用期内被证明不符合录用条件的

B. 劳动者被依法追究刑事责任的

C. 劳动者严重失职，营私舞弊，给用人单位造成重大损害的

D. 以上情况都包括

---

① 答案：D。

笔记区

▶ 15. 用人单位能否辞退因怀孕而不能胜任工作的女职工?

案例

李丽在某公司从事销售工作,因她吃苦耐劳,肯出差,业绩表现十分出色。后来,李丽怀孕后身体状态不如从前,无法承受高强度的出差工作,于是向公司请求调换岗位。公司领导了解情况后表示,公司目前没有其他合适岗位存在空闲,同时李丽最近的业绩表现明显下滑,存在无法胜任工作的情况;如果李丽实在不能继续承担现有工作,那么公司只能遵循公平竞争的原则辞退她,由能者顶替她的岗位。李丽对此表示不解和愤怒,自己向来任劳任怨,为公司付出良多,可公司却如此不近人情,竟要在她怀孕时将她辞退。李丽想知道公司的做法到底符不符合法律的规定?

法律分析

为了减少和解决女职工在劳动中因怀孕带来的特殊困难,保护女职工的身心健康并努力避免用人单位的性别歧视,劳动法对处于孕期的女职工予以特别保护。若女职工在孕期不能适应原劳动,用人单位一方面有义务减轻女

笔记区

职工的劳动量或为其调换合适的岗位，另一方面也不应以劳动者不能胜任原工作或调整工作岗位后的工作而将其辞退。在本案中，针对李丽的情况，公司有义务为其调换岗位，如无合适岗位，也应当减轻她的工作量，而不应以李丽怀孕导致业绩下滑为由将她辞退。用人单位的做法明显违反了劳动法的规定，侵犯了李丽的合法权益。

知识链接

《中华人民共和国劳动法》第二十九条 劳动者有下列情形之一的，用人单位不得依据本法第二十六条、第二十七条的规定解除劳动合同……（三）女职工在孕期、产期、哺乳期内的……

《中华人民共和国劳动合同法》第四十二条 劳动者有下列情形之一的，用人单位不得依照本法第四十条、第四十一条的规定解除劳动合同……（四）女职工在孕期、产期、哺乳期的……

国务院《女职工劳动保护特别规定》第六条第一款 女职工在孕期不能适应原劳动的，用人单位应当根据医疗机构的证明，予以减轻劳动量或者安排其他能够适应的劳动。

纠纷解决技巧

女职工应明确劳动法为处于孕期的劳动者提供了非

常充分的保障，尤其禁止用人单位因女职工存在难以适应原工作的生理困难而将其辞退的行为。当遇到类似情况时，女职工应勇敢地拿起法律武器维护自身权益。不过，女职工也应注意，劳动法的保护不意味着其在怀孕期间可以“为所欲为”；如果女职工存在《中华人民共和国劳动合同法》第39条规定的6种情形，那么用人单位依旧可以无须事先通知即单方解除劳动合同，并不支付经济补偿，而无须顾及劳动者的孕妇身份。

笔记区

试题

用人单位在何种情况下可以解雇处于孕期、产期、哺乳期的“三期”女职工？（　　）①

A. 女职工因处于“三期”而无法胜任工作

B. “三期”女职工经过培训或调换工作岗位依旧无法胜任工作

C. “三期”女职工存在违反《中华人民共和国劳动合同法》第39条的严重违法违约行为

D. 用人单位存在困难需要进行经济性裁员的

① 答案：C。

笔记区

16. 用人单位能否在职工医疗期期间解除劳动合同？

案例

蔡某自2018年7月大学毕业后便在一家食品公司工作。2021年7月，因心脏不适，蔡某去医院检查，医生建议他卧床休息2个月。蔡某于是向公司提交了医嘱，并请病假2个月至2021年9月10日。然而，2021年8月10日，公司突然将蔡某移出了工作群聊，并暂停为其缴纳社保。蔡某前去询问公司的负责人，负责人表示蔡某休病假的时间太长，影响了公司的工作进度，不如大家“好聚好散”，这样蔡某也能多休息一段时间。蔡某很困惑：公司明明准许自己休病假，为何又在病假期间解除了与自己的劳动合同？这种行为究竟合不合法呢？

法律分析

为了保障劳动者在患病或非因工负伤期间合法权益不受用人单位侵害，劳动法特别设置了“医疗期”制度。所谓医疗期，即企业职工因患病或非因工负伤停止工作治病休息不得解除劳动合同的时限。医疗期的长度并不受劳动者所患疾病或治疗期限影响，而是根据劳动者本身实际

笔记区

参加工作的年限和在本单位工作的年限,赋予劳动者 3 个月到 24 个月的医疗期。由于蔡某的实际工作年限和在本单位工作的年限都为 3 年,他能够享有 3 个月的医疗期。在 2021 年 8 月 10 日,蔡某的医疗期刚满 1 个月,尚未结束,此时公司无权以蔡某休病假影响了公司的工作进度为由解除其与蔡某间的劳动合同,也不应停止为蔡某缴纳社保费用,公司的做法存在明显的违法性。

知识链接

《中华人民共和国劳动法》第二十九条 劳动者有下列情形之一的,用人单位不得依据本法第二十六条、第二十七条的规定解除劳动合同……(二)患病或者负伤,在规定的医疗期内的……

《中华人民共和国劳动合同法》第四十二条 劳动者有下列情形之一的,用人单位不得依照本法第四十条、第四十一条的规定解除劳动合同……(三)患病或者非因工负伤,在规定的医疗期内的……

原劳动部《企业职工患病或非因工负伤医疗期规定》

第三条 企业职工因患病或非因工负伤,需要停止工作医疗时,根据本人实际参加工作年限和在本单位工作年限,给予三个月到二十四个月的医疗期:

(一)实际工作年限十年以下的,在本单位工作年限五

笔记区

年以下的为三个月；五年以上的为六个月。

（二）实际工作年限十年以上的，在本单位工作年限五年以下的为六个月；五年以上十年以下的为九个月；十年以上十五年以下的为十二个月；十五年以上二十年以下的为十八个月；二十年以上的为二十四个月。

纠纷解决技巧

劳动者享有在医疗期内不被用人单位解除劳动合同的权利。劳动者应根据自身实际参加工作的年限和在本单位工作年限明确自身医疗期的期限，当用人单位在此期限内解除劳动合同时要与单位据理力争，维护自身合法权益。值得注意的是，与孕期女职工的情况相似，如果劳动者在医疗期内存在违反《中华人民共和国劳动合同法》第39条的严重违法违约行为，用人单位同样有权解除双方的劳动合同。此外，在医疗期满后，如劳动者无法继续从事原工作，也不能从事用人单位另行安排的其他工作，那么单位可以在提前30日书面通知劳动者本人或额外支付其1个月工资的基础上，解除双方的劳动合同，并支付相应的经济补偿。

试题

以下哪项不是劳动者患病或非因工负伤时所能享受

笔记区

的保障？（　　）①

A. 劳动者根据本人实际参加工作年限和在本单位工作年限可以享受医疗期

B. 在医疗期内，用人单位不得以劳动者不能胜任工作而解除劳动合同

C. 用人单位进行经济性裁员不得裁掉处于医疗期内的劳动者

D. 劳动者在医疗期内被追究刑事责任时，用人单位也不得解除劳动合同

① 答案：D。

笔记区

▶ 17. 用人单位能否因劳动者业绩考核排名垫底而将其辞退？

案例

小吴在某保险公司担任保险推销员。为激发员工的工作积极性，该公司设置《员工绩效考核办法》，并将员工年度绩效考核的结果划分为A、B、C、D四个等级，分别代表优、良、一般、差。其中，D级将被视作不能胜任工作，且该级别所占比例不超过5%。在2020年的年度考核中，小吴被列入D级。在公司为其调换工作岗位后，小吴在2021年的考核等级依旧是D级。对此，保险公司认为小吴不能胜任工作，且经过转岗后依旧不能胜任工作，故解除了与小吴之间的劳动合同，并向其支付了一定的经济补偿。对此，小吴有些疑惑，虽然自己的业绩不如其他同事，但是排名具有相对性，且自己一直以来都尽职尽责，也赢得了不少客户的青睐与信任，公司是否有权以自己业绩排名垫底为由解除劳动合同呢？

法律分析

用人单位以劳动者业绩考核排名为依据决定劳动合同解除与否的做法本质上属于“末位淘汰”行为。这一做法虽然具有调动职工积极性的优势,却也表现出用人单位与劳动者之间明显的强弱对比,过度突出了用人单位的用工自主权,可能引发用人单位滥用劳动合同单方解除权的不良后果。除此之外,从末位淘汰本身的合理性来看,其实际上并不能够充分说明劳动者不能胜任工作——仅通过排名衡量员工工作的做法忽视了员工绩效水平与用人单位绩效考核基本标准线之间的关系,如员工整体水平较高,则排名垫底的优秀员工同样会被淘汰。衡量员工能否胜任工作,需要结合员工的工作质量、数量、出勤率等多重因素进行综合考虑,仅以业绩排名作为用人单位行使单方解除权的依据不具有充分的合理性,在司法实践中也受到了明确禁止。据此,尽管小吴的业绩考核结果为 D,但这并不能充分说明他不胜任工作,因此保险公司仅以此为由解雇小吴的做法违反了劳动法的规定,构成违法解除劳动合同。

知识链接

《中华人民共和国劳动合同法》

第四十条 有下列情形之一的,用人单位提前三十日以书面形式通知劳动者本人或者额外支付劳动者一个月工资后,可以解除劳动合同……(二)劳动者不能胜任工作,经过培训或者调整工作岗位,仍不能胜任工作的……

笔记区

第四十八条 用人单位违反本法规定解除或者终止劳动合同,劳动者要求继续履行劳动合同的,用人单位应当继续履行;劳动者不要求继续履行劳动合同或者劳动合同已经不能继续履行的,用人单位应当依照本法第八十七条规定支付赔偿金。

纠纷解决技巧

实践中不少用人单位都存在末位淘汰制度,劳动者应明确这一行为的违法性。当用人单位以业绩考核排名为由解除劳动合同时,应要求用人单位提供不能胜任工作的充分证据,并在用人单位实施违法解除行为后,依法向其提出继续履行劳动合同或支付赔偿金的主张。

试题

劳动者业绩考核排名垫底时,用人单位实施何种行为违反法律规定?( )[1]

A. 直接将劳动者辞退

B. 对劳动者进行培训

C. 为劳动者调整工作岗位

D. 经培训或调岗后劳动者依旧排名垫底的,用人单位提供劳动者不能胜任工作的充分证据后将之辞退

---

① 答案:A。

笔记区

▶ 18. 用人单位进行经济性裁员应当具备哪些条件?

案例

戴某在某水泥公司工作,其已经与公司订立无固定期限劳动合同。2021年春节后,公司通知员工暂不复工。10天后,包括戴某在内的15名员工收到公司发出的《终止/解除劳动合同证明》,其中写道:"兹有本公司职工戴某……因公司业绩下滑,生产经营发生严重困难,本公司终止(解除)与该职工的劳动合同。"戴某对此感到惊讶,此前并未听说公司存在经营困难的情况,且自己作为与公司订立无固定期限劳动合同的职工,公司竟在未与自己进行协商的情况下,就单方面解除了劳动合同,他想知道用人单位的这一做法是否合法合规。

法律分析

用人单位因生产经营困难而与劳动者解除劳动合同的行为本质上属于"经济性裁员"。为保障劳动者权益,避免用人单位滥用此项权利,劳动法严格限制了用人单位经济性裁员的实体性与程序性条件。就实体性条件而言,经济性裁员的事由限定为以下4种:(1)用人单位依照企业

笔记区

破产法规定进行重整的;(2)用人单位生产经营发生严重困难的;(3)企业转产、重大技术革新或者经营方式调整,经变更劳动合同后,仍需裁减人员的;(4)其他因劳动合同订立时所依据的客观经济情况发生重大变化,致使劳动合同无法履行的。在程序性条件上,用人单位需要提前30日向工会或全体职工说明情况并听取其意见,还应向劳动行政部门报告裁员方案。除此之外,在进行裁员时,应优先留用与单位订立较长期限的固定期限劳动合同的人、与单位订立无固定期限劳动合同的人以及家庭无其他就业人员且有需要扶养的老人或未成年人的人。具体到本案,用人单位某水泥公司在以上三方面均存在问题:第一,在实体性要件上,单位并未提供例如资产负债表、合同订单数据等充足证据证明公司存在严重经营困难;第二,在程序性要件上,也未提前通知工会或职工,并向劳动行政部门报告裁员方案;第三,在优先留用员工上,裁掉戴某这一与公司订立无固定期限劳动合同员工的行为同样不符合法律规定。由此可见,某水泥公司的经济性裁员行为违反劳动法规定,构成违法解除劳动合同。

知识链接

《中华人民共和国劳动合同法》第四十一条 有下列情形之一,需要裁减人员二十人以上或者裁减不足二十人但占企业职工总数百分之十以上的,用人单位提前三十日向工会或者全体职工说明情况,听取工会或者职工的意见后,裁减人员方案经向劳动行政部门报告,可以裁减人员:

(一)依照企业破产法规定进行重整的;

(二)生产经营发生严重困难的;

(三)企业转产、重大技术革新或者经营方式调整,经变更劳动合同后,仍需裁减人员的;

(四)其他因劳动合同订立时所依据的客观经济情况发生重大变化,致使劳动合同无法履行的。

裁减人员时,应当优先留用下列人员:

(一)与本单位订立较长期限的固定期限劳动合同的;

(二)与本单位订立无固定期限劳动合同的;

(三)家庭无其他就业人员,有需要扶养的老人或者未成年人的。

用人单位依照本条第一款规定裁减人员,在六个月内重新招用人员的,应当通知被裁减的人员,并在同等条件下优先招用被裁减的人员。

纠纷解决技巧

劳动者在面临用人单位经济性裁员时,应要求用人单位证明存在裁员事由,提供包括业务缩减数据、财务报表等证据,并关注用人单位裁员程序的合规性。如遭遇裁员

笔记区

违法违规的情况，可以寻求法律帮助，要求用人单位承担违法解除、终止劳动合同的法律责任。

试题

用人单位经济性裁员应符合何种程序要求？（　　）①

A. 提前 30 日向工会或者全体职工说明情况

B. 听取工会或者职工的意见

C. 裁减人员方案经向劳动行政部门报告

D. 以上程序都需符合

① 答案：D。

笔记区

▶ 19. 用人单位不给劳动者办理离职手续该怎么办?

案例

白某与某银行订立了为期两年的固定期限劳动合同，从事业务经理工作。工作一段时间后，由于白某获得了更好的工作机会，便提前一个月向银行递交了辞职信。然而，银行以还有许多业务合同没有交接完毕、部分贷款尚未收回为由，始终扣着白某的档案不放。白某应聘的新单位表示，不将档案尽快转入公司，就没法依据档案为他定级定职，相应的待遇条件也无法确定。这让白某十分着急，他想知道他的情况到底该怎么办?

法律分析

为服务于劳动者重新就业的需要，劳动法要求用人单位在与劳动者解除或终止劳动合同时出具相应的证明，并在15日内为劳动者办理档案和社会保险关系转移手续。如用人单位违反法律规定，实施扣押劳动者档案的行为，需承担相应的民事责任和行政责任。本案中，银行以业务尚未交接完毕等为由拒绝为白某办理离职手续的做法便违反了劳动法的上述规定。对此，白某一方面可以向劳动

笔记区

行政部门投诉，由其责令用人单位改正违法行为、缴纳罚款并承担赔偿责任；另一方面也可诉诸劳动争议解决机制，将纠纷提交劳动争议仲裁机构处理，并在不服仲裁裁决时，依法向人民法院提起诉讼。

知识链接

《中华人民共和国劳动合同法》

第五十条 用人单位应当在解除或者终止劳动合同时出具解除或者终止劳动合同的证明，并在十五日内为劳动者办理档案和社会保险关系转移手续。

劳动者应当按照双方约定，办理工作交接。用人单位依照本法有关规定应当向劳动者支付经济补偿的，在办结工作交接时支付。

用人单位对已经解除或者终止的劳动合同的文本，至少保存二年备查。

第八十四条 用人单位违反本法规定，扣押劳动者居民身份证等证件的，由劳动行政部门责令限期退还劳动者本人，并依照有关法律规定给予处罚。

用人单位违反本法规定，以担保或者其他名义向劳动者收取财物的，由劳动行政部门责令限期退还劳动者本人，并以每人五百元以上二千元以下的标准处以罚款；给劳动者造成损害的，应当承担赔偿责任。

笔记区

劳动者依法解除或者终止劳动合同,用人单位扣押劳动者档案或者其他物品的,依照前款规定处罚。

最高人民法院《关于审理劳动争议案件适用法律问题的解释(一)》第一条 劳动者与用人单位之间发生的下列纠纷,属于劳动争议,当事人不服劳动争议仲裁机构作出的裁决,依法提起诉讼的,人民法院应予受理……(四)劳动者与用人单位解除或者终止劳动关系后,请求用人单位返还其收取的劳动合同定金、保证金、抵押金、抵押物发生的纠纷,或者办理劳动者的人事档案、社会保险关系等移转手续发生的纠纷……

纠纷解决技巧

用人单位具有及时为辞职劳动者办理档案转移手续的法定义务,不得以业务交接等为由任意扣押劳动者的档案。劳动者在工作中如遇到此类违法情况,不要听信用人单位的一面之词,苦苦等待工作交接完成之日,而应依法维权,及时寻求劳动行政部门、劳动争议仲裁机构、法院的帮助,避免对后续重新就业造成不利影响。

试题

劳动者离职后,用人单位需要实施何种行为?( )[1]

---

① 答案:D。

笔记区

A. 为劳动者出具解除或者终止劳动合同的证明

B. 在 15 日内为劳动者办理档案和社会保险关系转移手续

C. 对已经解除或者终止的劳动合同的文本,至少保存 2 年备查

D. 以上行为都包括

笔记区

▶ 20. 经济补偿金该怎么计算?

案例

王大妈在某大型超市当收银员。不久前,超市更新了收银系统,启用专门设计的计算机软件进行扫描结算。王大妈因不会使用电脑,在结算时经常出现差错,给超市造成了一定的损失。为此,超市专门为王大妈安排了为期一周的电脑培训。经学习,王大妈虽然基本掌握了相关操作,但是扫描结算速度极为缓慢,延长了顾客的排队等待时间,接连被多名顾客投诉。针对这一情况,超市决定额外支付王大妈1个月的工资以解除双方之间的劳动合同。王大妈听说单位辞退员工需要支付经济补偿金,询问经理后被告知她在超市工作的时间只有7个月,无法享有经济补偿,并且在解约时超市也额外支付了她一个月的工资,无法再给她更多的补偿。

法律分析

经济补偿是用人单位在解除劳动合同时向劳动者支付的补偿。根据法律规定,除以下情形外,在解除劳动合同,终止劳动关系时,用人单位都须支付经济补偿:(1)劳动者主动提出,与用人单位协商一致解除合同;(2)用人单

笔记区

位提出维持或者提高约定条件续订劳动合同，劳动者不同意续订；(3)劳动者具有《中华人民共和国劳动合同法》第39条规定的严重违法违约情形；(4)劳动者主体资格灭失。经济补偿的数额取决于劳动者在本单位工作的年限，每工作满1年便应支付劳动者1个月的工资。同时，工作6个月以上不满1年的，按1年计算；不满6个月的，向劳动者支付半个月工资的经济补偿。具体到本案，超市与王大妈解除劳动合同的原因为王大妈无法胜任工作，且经培训后依旧无法胜任工作。此时，超市既可以提前30日书面通知王大妈，也可以额外支付王大妈1个月的工资，以解除劳动合同。由于王大妈在超市已经工作7个月，属于工作6个月以上但不满1年的情况，有权获得1个月的工资作为经济补偿。超市额外支付王大妈1个月工资属于用人单位行使合同解除权的前置条件，并非经济补偿，其应当依法另行支付1个月工资给王大妈作为补偿。

知识链接

《中华人民共和国劳动合同法》

第四十条 有下列情形之一的，用人单位提前三十日以书面形式通知劳动者本人或者额外支付劳动者一个月工资后，可以解除劳动合同……(二)劳动者不能胜任工作，经过培训或者调整工作岗位，仍不能胜任工作的……

笔记区

第四十六条 有下列情形之一的,用人单位应当向劳动者支付经济补偿:

(一)劳动者依照本法第三十八条规定解除劳动合同的;

(二)用人单位依照本法第三十六条规定向劳动者提出解除劳动合同并与劳动者协商一致解除劳动合同的;

(三)用人单位依照本法第四十条规定解除劳动合同的;

(四)用人单位依照本法第四十一条第一款规定解除劳动合同的;

(五)除用人单位维持或者提高劳动合同约定条件续订劳动合同,劳动者不同意续订的情形外,依照本法第四十四条第一项规定终止固定期限劳动合同的;

(六)依照本法第四十四条第四项、第五项规定终止劳动合同的;

(七)法律、行政法规规定的其他情形。

第四十七条第一款 经济补偿按劳动者在本单位工作的年限,每满一年支付一个月工资的标准向劳动者支付。六个月以上不满一年的,按一年计算;不满六个月的,向劳动者支付半个月工资的经济补偿。

笔记区

纠纷解决技巧

解除劳动合同时,除劳动者主动要求解约或存在严重违法违约行为,用人单位一般都要支付经济补偿金。在工作过程中,劳动者应牢记自身享有经济补偿的情形,明确作为用人单位解除合同前置条件的1个月工资与经济补偿的区别,了解经济补偿金的计算公式,尤其关注工作未满1年时的换算方式,避免在相关事宜上落入有些用人单位的"圈套"。

试题

以下何种经济补偿金的计算方式是正确的?(　　)①

A. 小强在某公司工作整2年,单位向其支付1个月工资作为经济补偿

B. 小花在某公司工作2个月,单位不向其支付经济补偿

C. 小明在某公司工作8个月,单位向其支付月工资的一半作为经济补偿

D. 小红在某公司工作1年零3个月,单位向其支付一个半月的工资作为经济补偿

① 答案:D。

笔记区

▶ 21. 什么是最低工资标准?

案例

小旭自2021年8月1日起在A省某市一汽车零部件制造公司工作。在工作的第一个月中,为尽快完成公司重要客户委托的加工项目,小旭听从公司安排,利用一双休日的时间加班赶进度。随后,由于父亲突发疾病住院,小旭又请假5天回家照顾父亲。月底发放工资时,小旭共拿到2860元(基本工资2310元+加班工资550元)。由于当地的最低工资为2400元,小旭认为自己的基本工资低于这一数额是不合理的,公司负责人则表示由于小旭请假5天,基本工资扣除相应部分后只能拿到这么多,且加上加班费后这一数额已经高于最低工资标准,公司的做法并不违法。

法律分析

最低工资标准,是指劳动者在法定工作时间或依法签订的劳动合同约定的工作时间内提供了与合同约定的质与量相符合的正常劳动的前提下,用人单位依法应支付的最低劳动报酬。从内容上看,最低工资不包含延长工作时间工资、特殊工作环境与条件下的津贴以及劳动者依法依规享有的福利待遇等。在本案中,小旭得到的基本工资是最低工资标准审查的对象。由于小旭曾请事假 5 天照顾父亲,实际上并未完成合同约定的工作任务,因此其基本工资低于最低工资标准的现象并不违反法律规定。然而,公司负责人将加班工资解释为最低工资一部分的做法却与法律规定不相符。在此意义上,虽然从结果上看,公司向小旭发放的工资数额并未违反最低工资标准,但其负责人对于最低工资的理解却与法律规定存在偏差,具有一定的违法倾向。

知识链接

《中华人民共和国劳动法》第四十八条 国家实行最低工资保障制度。最低工资的具体标准由省、自治区、直辖市人民政府规定,报国务院备案。

用人单位支付劳动者的工资不得低于当地最低工资标准。

原劳动和社会保障部《最低工资规定》第十二条 在劳动者提供正常劳动的情况下,用人单位应支付给劳动者的工资在剔除下列各项以后,不得低于当地最低工资标准:

(一)延长工作时间工资;

(二)中班、夜班、高温、低温、井下、有毒有害等特殊工

作环境、条件下的津贴;

(三)法律、法规和国家规定的劳动者福利待遇等。

实行计件工资或提成工资等工资形式的用人单位,在科学合理的劳动定额基础上,其支付劳动者的工资不得低于相应的最低工资标准。

劳动者由于本人原因造成在法定工作时间内或依法签订的劳动合同约定的工作时间内未提供正常劳动的,不适用于本条规定。

纠纷解决技巧

最低工资标准是劳动法为劳动者提供的工资水平保障。然而,这并不意味着处于劳动关系中的劳动者在任何情况下都能够获得不低于最低工资标准的工资。其基本前提为劳动者完成劳动合同约定的正常劳动,确保工作保质保量完成。此外,在工作中劳动者也应明确不计入最低工资范围内的加班工资、各项津贴、福利待遇等内容,避免用人单位将其故意算入最低工资,损害自身权益。

笔记区

试题

以下关于最低工资标准的论述，哪一项是正确的？(　　)[①]

A. 最低工资标准包含加班加点工资

B. 最低工资标准包括劳动者在特殊工作环境、条件下的津贴

C. 最低工资的具体标准由自治州、县、自治县、市人民政府规定

D. 劳动者因本人原因未在工作时间内提供正常劳动，单位可以向其发放低于最低工资标准的报酬

① 答案：D。

笔记区

▶ 22. 加班加点工资应如何计算?

案例

老钱在一家电子设备制造公司工作。2021 年 6 月,为尽快完成某客户委托的重要项目,老钱听从公司安排,加班加点赶工。老钱既在每个工作日延长一小时工作时间(该月共有 21 个工作日),也牺牲了三个周六的休息时间,甚至在 6 月 14 日端午节这天他也依旧到岗工作。经过高强度的工作,项目得以如期高质量完成。尽管加班加点工作十分辛苦,但听说自己能够拿到较高的加班工资,老钱内心十分高兴。老钱的基本工资为 4350 元,他想知道自己 6 月总共能够拿到多少薪水。

法律分析

劳动法要求用人单位给予加班加点的劳动者相应的加班加点工资。其计算标准为:工作日延长劳动时间应当支付不低于 150% 的工资报酬;休息日加班应当支付不低于 200% 的工资报酬;法定休假日加班应当支付不低于 300% 的工资报酬。老钱在 6 月的加班情况为:在工作日延长的劳动时间为 21 小时,共有 3 个休息日加班,并且还在端午节这一节假日加班。老钱的基本工资为 4350 元,劳

笔记区

动法规定劳动者的月计薪天数为 21.75 天(计算方式为 365 天减去 104 天休息日后再除以 12 个月),则老钱的日工资为 200 元,小时工资为 25 元。以这些数据为基础,能够计算出老钱本月能够得到的劳动报酬总数为 4350 + 25 * 21 * 150% + 200 * 3 * 200% + 200 * 1 * 300% = 6937.5 元。

知识链接

《中华人民共和国劳动法》第四十四条 有下列情形之一的,用人单位应当按照下列标准支付高于劳动者正常工作时间工资的工资报酬:

(一)安排劳动者延长工作时间的,支付不低于工资的百分之一百五十的工资报酬;

(二)休息日安排劳动者工作又不能安排补休的,支付不低于工资的百分之二百的工资报酬;

(三)法定休假日安排劳动者工作的,支付不低于工资的百分之三百的工资报酬。

原劳动和社会保障部《关于职工全年月平均工作时间和工资折算问题的通知》 ……按照《劳动法》第五十一条的规定,法定节假日用人单位应当依法支付工资,即折算日工资、小时工资时不剔除国家规定的 11 天法定节假日。据此,日工资、小时工资的折算为:……小时工资:月工资收入÷(月计薪天数×8 小时)。月计薪天数 =(365 天 -

104 天) ÷12 月 =21.75 天……

笔记区

纠纷解决技巧

加班加点工资的计算需要区分在工作日加点、在休息日加班和在法定休假日加班这三种情况分别进行。其中涉及的日工资、小时工资等计算基数需要以国家规定的21.75 天的月计薪天数为依据加以换算。在工作过程中,如劳动者发现用人单位发放的加班工资计算错误,应依法要求其进行调整。如单位拒不调整,则劳动者应依法维权,依靠劳动争议解决机制拿回自己应得的报酬。

试题

以下关于加班加点工资的论述,哪一项是正确的?(　　)①

A. 安排劳动者延长工作时间的,支付不低于工资的200% 的工资报酬

B. 休息日安排劳动者工作但能够安排补休的,可以不支付加班工资

C. 法定休假日安排劳动者工作的,支付不低于工资的200% 的工资报酬

D. 劳动者主动加班的,可以不支付加班工资

① 答案:B。

笔记区

23. 劳动者与用人单位订立放弃加班费协议是否合法有效?

案例

小孙大学毕业后入职某公司。公司在与小孙订立劳动合同时,要求其额外签订了一份内容为“我自愿为公司发展而奋斗,决定放弃加班费”的协议作为劳动合同的附件。在工作期间,由于公司安排的加班时间过长,工作强度太大,小孙感到身体吃不消,决定辞职。在递交辞职信时,小孙向公司提出支付自己工作以来的加班费。对此,公司表示非常感谢小孙一直以来对公司的辛勤付出,但因小孙之前已经与公司签订了自愿放弃加班费的协议,按照协议无法向其支付加班费。

法律分析

加班费是劳动者延长劳动时间所应获得的报酬,用人单位向加班的劳动者支付加班费是其应尽的法律责任。用人单位与劳动者签订放弃加班费协议的做法实际上是在合同订立阶段,借助劳动者渴望获得工作机会的心理,利用用人单位的强势地位,免除自身法定责任,排除劳动者法定权利的显失公平的行为。在劳动法上,这类条款或协议是无效的。也就是说,即便劳动者签订了放弃加班费的协议,若其在工作中延长工作时间,也有权获得相应的加班费。因此,本案中尽管小孙在劳动合同附件中签字同意放弃加班费,但因这一协议本身显失公平而缺乏法律效力,小孙有权主张用人单位向其支付与延长劳动时间相符的加班费,用人单位无权拒绝这一合法请求。

知识链接

《中华人民共和国劳动合同法》

第二十六条 下列劳动合同无效或者部分无效……

(二)用人单位免除自己的法定责任、排除劳动者权利的……

第三十一条 用人单位应当严格执行劳动定额标准,不得强迫或者变相强迫劳动者加班。用人单位安排加班的,应当按照国家有关规定向劳动者支付加班费。

最高人民法院《关于审理劳动争议案件适用法律问题的解释(一)》第三十五条 劳动者与用人单位就解除或者终止劳动合同办理相关手续、支付工资报酬、加班费、经济补偿或者赔偿金等达成的协议,不违反法律、行政法规的强制性规定,且不存在欺诈、胁迫或者乘人之危情形的,应当认定有效。

前款协议存在重大误解或者显失公平情形,当事人请求撤销的,人民法院应予支持。

笔记区

纠纷解决技巧

在实践中，确有不少用人单位在订立劳动合同阶段要求劳动者签订诸如放弃加班费等排除单位法定责任的协议，并将其美化为劳动者与单位携手共进的“奋斗者协议/条款”。此时，劳动者往往担心拒签协议会失去来之不易的工作机会，而硬着头皮表示同意。由于其中存在明显的劳资双方力量失衡的倾向，劳动法并不认可这类协议的效力。因此，即便劳动者迫于形势签订了相关协议，也无须担心自己获取工资报酬的权益受损，其依旧享有在加班后获取加班工资的法定权利。

试题

劳动者与用人单位订立放弃加班费协议的，有什么法律后果？（　　）①

A. 协议合法有效，劳动者加班也不得主张加班费

B. 劳动者拒绝加班的，用人单位可以依据协议辞退劳动者

C. 协议存在瑕疵，用人单位需向劳动者支付半数加班费

D. 协议无效，用人单位应向劳动者足额支付加班费

---

① 答案：D。

笔记区

24. 病假期间该如何发工资?

案例

老李已经在某汽车修配公司工作12年,公司每月付给他3000元工资。去年在体检时,他被查出患有肺癌,遵医嘱向公司请病假12个月。在此期间,公司表示由于他并非因工负伤,在病假期间无法享有正常工资待遇,但考虑到老李患病经济压力很大,十分不容易,公司每月会按照最低工资标准付给他2000元以示关照。然而,在老李休假满6个月后,公司负责人告诉老李最近公司经济情况不佳,每月只能付给他1000元。老李有些不解,他想知道公司是否有权随意更改自己在病假期间的待遇?以及自己到底有权获得多少工资?

法律分析

尽管劳动者患病或非因工负伤并非由单位造成,但劳动法仍旧赋予其一定的保障与补偿。这既包括医疗期,也包括医疗期间的病假工资和救济费用。由于老李已在汽车修配公司工作12年,属于实际工作年限10年以上,且在本单位工作年限10年以上15年以下的情形,依法享有12个月的医疗期。在医疗期的前6个月,由于其工龄已满8

笔记区

年，用人单位应当向其每月支付工资100%的病假工资；在医疗期的后6个月，公司也应向其支付本人工资60%的疾病救济费。除此之外，无论是病假工资还是疾病救济费，都不得低于最低工资标准的80%。本案中汽车修配公司不仅在医疗期前6个月仅按照最低工资标准支付病假工资，在后6个月甚至以最低工资50%的标准向老李支付救济费用，无疑有违法律规定，侵害了老李享有医疗期待遇的法定权利。

知识链接

原劳动部《企业职工患病或非因工负伤医疗期规定》

第三条 企业职工因患病或非因工负伤，需要停止工作医疗时，根据本人实际参加工作年限和在本单位工作年限，给予三个月到二十四个月的医疗期：

（一）实际工作年限十年以下的，在本单位工作年限五年以下的为三个月；五年以上的为六个月。

（二）实际工作年限十年以上的，在本单位工作年限五年以下的为六个月；五年以上十年以下的为九个月；十年以上十五年以下的为十二个月；十五年以上二十年以下的为十八个月；二十年以上的为二十四个月。

《中华人民共和国劳动保险条例实施细则修正草案》

第十六条 工人职员疾病或非因工负伤停止工作连

续医疗期间在六个月以内者,根据劳动保险条例第十三条乙款的规定,应由该企业行政方面或资方按下列标准支付病伤假期工资:本企业工龄不满二年者,为本人工资百分之六十;已满二年不满四年者,为本人工资百分之七十;已满四年不满六年者,为本人工资百分之八十;已满六年不满八年者,为本人工资百分之九十;已满八年及八年以上者,为本人工资百分之一百。

第十七条 工人职员疾病或非因工负伤停止工作连续医疗期间超过六个月时,根据劳动保险条例第十三条乙款的规定,病伤假期工资停发,改由劳动保险基金项下,按月付给疾病或非因工负伤救济费,其标准如下:本企业工龄不满一年者,为本人工资百分之四十;已满一年未满三年者,为本人工资百分之五十;三年及三年以上者,为本人工资百分之六十。此项救济费付至能工作或确定为残废或死亡时止。

原劳动部《关于贯彻执行〈中华人民共和国劳动法〉若干问题的意见》 59. 职工患病或非因工负伤治疗期间,在规定的医疗期间内由企业按有关规定支付其病假工资或疾病救济费,病假工资或疾病救济费可以低于当地最低工资标准支付,但不能低于最低工资标准的80%。

笔记区

纠纷解决技巧

劳动者应结合实际参加工作年限和在本单位工作年限计算自身享有的医疗期的期限，并基于在本企业的工龄明确自己在医疗期内所能够享有的病假工资与疾病救济费的计算方式，同时也应注意二者是否低于当地最低工资标准的80%，以此避免有些用人单位恶意克扣相应费用的行为，维护自身合法权益。

试题

以下关于病假期间的论述，哪一项是正确的？（　　）[①]

A. 医疗期仅需根据劳动者在本单位工作年限确定

B. 用人单位有权以劳动者病假期间没有参加工作为由不发工资

C. 劳动者的病假工资可以低至工资的50%

D. 病假工资或疾病救济费可以低于当地最低工资标准支付

---

① 答案：D。

笔记区

▶ 25. 女职工产假期间该如何发工资?

案例

朱某在某销售公司工作。工作2年后,朱某怀有身孕,向公司申请休产假98天。在产假期间,公司停发了朱某的工资,朱某很疑惑,询问公司负责人后得知,由于公司并未给朱某缴纳生育保险费用,她就无法享受相应的生育津贴。公司负责人称,朱某产假期间并未在公司工作,没有给公司创造收益,公司当然不应该给她发放工资。朱某十分生气,在入职时劳动合同中清清楚楚写着公司会为其上社保,结果公司不但没为其办理生育保险,还不承担相应的责任,这难道不违法吗?

法律分析

为维护女职工在怀孕、分娩等需要暂时中断劳动期间的合法权益,保障妇女的生育权利,劳动法既为女职工生育提供了98天产假的休息时间,也充分保障其在产假期间的物质、经济利益。在产假期间,如用人单位已为女职工办理生育保险,则由生育保险基金按照上年度职工月平均工资的标准向女职工支付相应的生育津贴;如用人单位未办理生育保险,则由单位按照女职工产假前工资的标准向其支付生育

笔记区

津贴。同时,女职工生育的医疗费用也按照法定标准由生育保险基金或用人单位支付。在本案中,某销售公司以未给朱某办理生育保险,且朱某产假期间未参与劳动为由不支付生育津贴的做法违反劳动法规定,其应当依法按照朱某产假前工资的标准向其支付生育津贴,并支付其生育的医疗费用,以此承担不为朱某上社保这一违法违约行为的法律责任。

知识链接

国务院《女职工劳动保护特别规定》

第七条 女职工生育享受98天产假,其中产前可以休假15天;难产的,增加产假15天;生育多胞胎的,每多生育1个婴儿,增加产假15天。

女职工怀孕未满4个月流产的,享受15天产假;怀孕满4个月流产的,享受42天产假。

第八条 女职工产假期间的生育津贴,对已经参加生育保险的,按照用人单位上年度职工月平均工资的标准由生育保险基金支付;对未参加生育保险的,按照女职工产假前工资的标准由用人单位支付。

女职工生育或者流产的医疗费用,按照生育保险规定的项目和标准,对已经参加生育保险的,由生育保险基金支付;对未参加生育保险的,由用人单位支付。

《中华人民共和国劳动合同法》第三十八条 用人单

位有下列情形之一的,劳动者可以解除劳动合同……(三)未依法为劳动者缴纳社会保险费的……

笔记区

纠纷解决技巧

女职工在产假期间的物质经济利益受到法律保障,用人单位有义务为其办理生育保险并在未办理保险时承担其生育津贴的相关费用。如劳动者在实践中遇到与本案中朱某遭遇相似的情况,可以法律为依据与单位协商,协商未果可以寻求劳动争议解决机制进行处理,必要时还可以单位未依法为劳动者缴纳社会保险费为由主张解除劳动合同,要求用人单位补齐生育津贴费用并承担相应的经济补偿。

试题

以下关于女职工产假期间的论述,哪一项是正确的?( )①

A. 女职工依法享有 89 天产假

B. 如单位未给女职工办理生育保险,女职工就不享有生育保险待遇

C. 女职工有权以单位不给其缴纳生育保险费用为由要求解除劳动合同

D. 流产的女职工不享有生育保险待遇

---

① 答案:C。

笔记区

▶ 26. 工资能否以实物的形式支付?

案例

杨大婶在一家服装厂工作。前不久,工厂负责人告诉大家由于近期出口订单减少,工厂效益急剧下滑,这个月实在拿不出钱给大家发工资,但是可以给大家发放与工资数额相匹配的高端服装冲抵工资,职工可以将服装拿到市场上出售换钱。杨大婶等一众员工纷纷表示抗议,工厂却说会尽快周转资金,承诺下个月就恢复正常,希望大家理解。然而,过了2个月,工厂依旧在给大家发服装,并表示即使不要服装也没钱。尽管工厂生产的服装能够在市场上卖上好价钱,但杨大婶依旧认为不妥,觉得直接拿到工资才最踏实。她想知道工厂以服装抵工资的做法是否符合法律规定,自己又该如何维护权益?

法律分析

以实物冲抵工资,不仅会损害劳动者获取工资报酬的合法权益,也会对我国财政、税收体制造成严重冲击,因此劳动法严格禁止这一行为,要求工资应当以法定货币形式按月支付给劳动者本人,不得以实物及有价证券代替支付。这意味着无论相应的实物、有价证券具有何种价值或

笔记区

升值潜力,都无法替代人民币成为用人单位发放工资的基本形式。在本案中,用人单位服装厂连续多月以服装冲抵工资的做法显然与法律规定相违背,侵犯了劳动者获得劳动报酬的权利,工厂应当停止这一违法行为,并尽快补齐拖欠杨大婶等职工的工资。

知识链接

《中华人民共和国劳动法》第五十条 工资应当以货币形式按月支付给劳动者本人。不得克扣或者无故拖欠劳动者的工资。

原劳动部《工资支付暂行规定》第五条 工资应当以法定货币支付。不得以实物及有价证券替代货币支付。

纠纷解决技巧

在我国,工资必须以法定货币即人民币的形式按月支付。用人单位以本单位生产的货品、有价证券等形式冲抵工资的行为都是违反劳动法规定的。劳动者遇到这种情况应坚决向用人单位主张支付劳动报酬,必要时可以寻求法律的帮助。同时,劳动者也不应轻信用人单位“下个月就补齐工资”的说法,如认为在单位工作没有良好的发展前景,应尽快解除劳动合同,另谋更好的出路,避免在违法单位浪费宝贵时间。

笔记区

试题

工资应以何种形式支付？（　　）①

A. 贵重金属　　B. 支票

C. 人民币　　D. 公司生产的手机

① 答案：C。

笔记区

▶ 27. 劳动者给用人单位造成损失该如何赔偿?

案例

钱某是某精密仪器加工厂的员工,从事机器零部件的加工工作。一日,在操作机器进行加工时,由于测量数据存在重大误差,其加工的10件产品质量严重不合格,经多次返修仍不合格而报废,从而耽误了工期导致客户退单,并给工厂造成了2万元的经济损失。由于钱某与加工厂在劳动合同中约定了此种情形需由钱某承担50%的赔偿责任,故公司决定每月扣发钱某20%的工资作为赔偿。当地的最低工资标准为2500元,钱某每月工资为3000元,扣发后他只能拿到2400元,低于最低工资标准。对此,钱某认为不合理,遂找工厂负责人进行理论,负责人却表示钱某有错在先,理应尽快赔偿工厂损失,每月只扣他600元并无不当。

法律分析

我国劳动法规定,用人单位不得在劳动者保质保量完成生产工作任务的情况下,无故克扣劳动者的工资。但若因劳动者本人原因给用人单位造成了经济损失,用人单位可以按照劳动合同的约定要求劳动者赔偿,并可采取每月

笔记区

扣除劳动者一定工资的形式填补损失。不过,为平衡劳资双方利益,避免扣减后的工资数额过少而给劳动者的正常生活带来不利影响,劳动法也要求每月扣除的部分不得超过劳动者当月工资的20%,且剩余部分不得低于当地的月最低工资标准。在本案中,钱某因测量失误而给工厂造成了经济损失,理应按照劳动合同的约定进行赔偿。然而,工厂扣减其20%工资的比例虽然合法,但因扣减后剩余工资低于当地最低工资标准而具有违法性。对此,工厂应将每月扣减的工资调整至500元,并按照当地2500元的最低工资标准向钱某支付工资。

知识链接

《中华人民共和国劳动法》第五十条 工资应当以货币形式按月支付给劳动者本人。不得克扣或者无故拖欠劳动者的工资。

原劳动部《关于〈中华人民共和国劳动法〉若干条文的说明》第五十条 ……"克扣"是指用人单位对履行了劳动合同规定的义务和责任,保质保量完成生产工作任务的劳动者,不支付或未足额支付其工资。……

原劳动部《工资支付暂行规定》第十六条 因劳动者本人原因给用人单位造成经济损失的,用人单位可按照劳动合同的约定要求其赔偿经济损失。经济损失的赔偿,可从劳动者本人的工资中扣除。但每月扣除的部分不得超过劳动者当月工资的20%。若扣除后的剩余工资部分低于当地月最低工资标准,则按最低工资标准支付。

笔记区

纠纷解决技巧

劳动者因工作失误给用人单位造成经济损失的,理应进行赔偿。不过,为兼顾劳动者的物质经济利益,劳动法限制赔偿的方式。劳动者在工作中如遇到用人单位违法扣减经济赔偿的情况,不应因自己犯错在先而不好意思与用人单位进行协商,而应坚决维护自身获取劳动报酬的合法权益。

试题

劳动者给用人单位造成经济损失时,单位每月从其本人工资中扣除赔偿的,以下哪种做法是正确的?(　　)①

A. 如劳动合同没有约定,用人单位可以在不与劳动者协商的情况下进行扣除

B. 单位每月扣除的部分可以达到劳动者工资的30%

C. 扣除后的剩余工资可以低于当地最低工资标准

D. 以上做法都不对

① 答案:D。

笔记区

28. 用人单位拖欠或者未足额支付劳动报酬该怎么办?

案例

孟大爷在某建筑公司工作。2021 年 8 月初,公司负责人表示公司近期经济存在严重困难,这个月的工资可能需要 9 月才发放,希望大家理解,并与公司共渡难关。然而,到了 2021 年 9 月底,两个月的工资都未到账。孟大爷等人前去找负责人理论,负责人却表示公司有几笔项目款项一直没有到账,目前还是没钱给大家,他也没有办法。此后,工资仍旧一拖再拖,公司也不再回应员工们的抗议。孟大爷认为公司的做法侵犯了自己的合法权益,一定要讨个说法,他该如何维权?

法律分析

用人单位具有向劳动者及时足额支付劳动报酬的法定义务。当用人单位存在拖欠或未足额支付劳动报酬的行为时,劳动法主要赋予劳动者两种救济途径:(1)向人民法院申请支付令,由人民法院向用人单位依法发出支付令,督促其履行义务;(2)向劳动行政部门进行投诉,由劳动行政部门责令用人单位支付劳动报酬,此时单位还可能承担一定的赔偿金。此外,如用人单位拒不支付劳动报酬的数额较大,且经劳动行政部门责令支付仍不支付的,还可能承担相应的刑事责任。由此,孟大爷可以采取向法院申请支付令和向劳动行政部门进行投诉两种途径维护自身合法权益。在司法、行政机关的督促,以及刑事责任的威慑下,孟大爷获取劳动报酬的权益应当能够得到充分、有效的保障。

知识链接

《中华人民共和国劳动合同法》

第三十条 用人单位应当按照劳动合同约定和国家规定,向劳动者及时足额支付劳动报酬。

用人单位拖欠或者未足额支付劳动报酬的,劳动者可以依法向当地人民法院申请支付令,人民法院应当依法发出支付令。

第八十五条 用人单位有下列情形之一的,由劳动行政部门责令限期支付劳动报酬、加班费或者经济补偿;劳动报酬低于当地最低工资标准的,应当支付其差额部分;逾期不支付的,责令用人单位按应付金额百分之五十以上百分之一百以下的标准向劳动者加付赔偿金:

(一)未按照劳动合同的约定或者国家规定及时足额支付劳动者劳动报酬的;

笔记区

（二）低于当地最低工资标准支付劳动者工资的；

（三）安排加班不支付加班费的；

（四）解除或者终止劳动合同，未依照本法规定向劳动者支付经济补偿的。

《中华人民共和国刑法》第二百七十六条之一第一款

以转移财产、逃匿等方法逃避支付劳动者的劳动报酬或者有能力支付而不支付劳动者的劳动报酬，数额较大，经政府有关部门责令支付仍不支付的，处三年以下有期徒刑或者拘役，并处或者单处罚金；造成严重后果的，处三年以上七年以下有期徒刑，并处罚金。

纠纷解决技巧

为保障劳动者获取劳动报酬的合法权益，法律严格禁止用人单位拖欠或不足额支付劳动报酬的行为，既赋予劳动者寻求救济的司法、行政渠道，也规定了用人单位的刑事责任。用人单位应避免侥幸心理，及时、充分地履行法定义务，从而既保障劳动者的权益，也减少自身不必要的负面影响，在劳资利益的兼顾中实现企业的长远发展。

试题

笔记区

用人单位拖欠或者未足额支付劳动报酬时,劳动者可以采取哪些救济措施?(多选)(　　)[①]

A. 到用人单位门口抗议

B. 向法院申请支付令

C. 行使单方解除劳动合同的权利

D. 到劳动行政部门举报投诉

---

① 答案:BCD。

笔记区

29. 劳动者辞职是否应当缴纳违约金?

案例

肖某在某贸易公司工作,与公司签订了为期两年的固定期限劳动合同。工作半年后,肖某发现该公司的工作压力大,工作氛围压抑,遂向公司递交了辞职申请。公司却表示双方之前签订的合同期限为两年,肖某提前要求解除劳动合同的行为是违约的,需要向公司缴纳5000元的违约金才行;否则,公司不会同意他的辞职申请。肖某认为公司这样的要求不太合理,他想知道这种要求劳动者在辞职时交违约金的行为是否有法律依据?

法律分析

为避免用人单位滥用违约金条款,实施限制劳动者的择业自主权或损害劳动者合法权益的行为,劳动法严格限制违约金的适用:当且仅当劳动者违反服务期约定或竞业限制约定的情况下,用人单位才可以与劳动者约定由劳动者承担违约金。服务期,是指劳动者因接受用人单位进行的专项培训而承诺为用人单位服务的期限。竞业限制约定则意味着负有保密义务的特定劳动者,在劳动合同终止或解除后,不得到与原单位生产或经营同类产品、从事同类业务的有竞争关系的其他用人单位工作,或者自己开业生产或者经营同类产品、从事同类业务。在本案中,虽然肖某与贸易公司订立了为期两年的固定期限劳动合同,但这一合同期限仅意味着劳动合同的终止时间,并非服务期或竞业限制期限,在此期间劳动者完全享有解除劳动合同的权利与自由。据此,贸易公司在并未与肖某约定服务期、竞业限制期限的情况下,要求肖某缴纳违约金方能离职的做法于法无据,违反了劳动法的规定。

知识链接

《中华人民共和国劳动合同法》

第二十二条第一款、第二款 用人单位为劳动者提供专项培训费用,对其进行专业技术培训的,可以与该劳动者订立协议,约定服务期。

劳动者违反服务期约定的,应当按照约定向用人单位支付违约金。……

第二十三条第二款 ……劳动者违反竞业限制约定的,应当按照约定向用人单位支付违约金。

第二十五条 除本法第二十二条和第二十三条规定的情形外,用人单位不得与劳动者约定由劳动者承担违约金。

笔记区

纠纷解决技巧

劳动者应牢记用人单位仅在与其约定了服务期、竞业限制期限的情形下，才有权要求由劳动者在违反上述期限时承担违约金。除这两种情形外，用人单位要求劳动者在包括解除劳动合同、不续订劳动合同等情况下缴纳违约金的行为都是违反劳动法规定的，劳动者应对此保持警惕，切勿因单位拒不为其办理离职手续而妥协，必要时可向劳动行政部门寻求帮助，由劳动行政部门依法责令公司改正。

试题

用人单位可以与劳动者约定由劳动者承担违约金的情形有哪些？（多选）（　　）[①]

A. 劳动者违反服务期约定的情况

B. 固定期限劳动合同未到期劳动者便要求解除合同的情况

C. 劳动者承诺工作 3 年内不生育却又反悔

D. 劳动者违反竞业限制的情况

① 答案：AD。

笔记区

▶ 30. 用人单位任意改变劳动时间的做法是否合法?

案例

老马在某五金厂从事机械设备的生产加工工作。在与工厂订立劳动合同时,约定老马享有双休日待遇,每周工作5天,每日工作8小时。工作1年后,单位负责人突然告知老马等一众员工,为适应当前日益激烈的市场竞争环境,需要改变员工原有的工作方式,以加大产量,推动工厂更好地发展。为此,工厂提出了两种方案供员工进行选择:方案一为改成单休日,员工每周工作6天,每日工作8小时;方案二为改成计件工作制,员工每周领取加工任务后可自行安排工作时间,完成即可休息。据负责人介绍,方案二的工作任务更重,强度更大,但是薪水也非常可观。员工们纷纷表示两种方案的工作压力都太大,需要再进行调整,负责人却说没有商量的余地,如不同意变更就辞职。

法律分析

劳动法对于工时制度进行了明确规定。本案中主要涉及标准工时制及计件工作制两种情况,这也是实践中较为常见的做法。具体而言,标准工时制就是法律规定的一

笔记区

般情况下职工从事工作的具体时间的制度。在劳动法上，标准工时制下的劳动者每日工作不得超过8小时，平均每周工作不得超过44小时。计件工作制则是给定劳动者工作总量，完成工作定额即可休息的制度。在该制度下，为避免用人单位对其进行滥用从而变相强迫劳动者加班，工作量需根据标准工时制下的工作量制定。结合案情，一方面，用人单位未经协商即强迫劳动者变更劳动合同的做法本身违反平等自愿、协商一致的原则；另一方面，其为劳动者提供的两种工时制度都违反了劳动法的规定。方案一导致劳动者每周工作时间为48小时，超过了劳动法规定的周平均工时为44小时的规定。方案二也因给定劳动者的工作量过重，超越了标准工时制的标准工作量而不合法。

知识链接

《中华人民共和国劳动法》

第十七条 订立和变更劳动合同，应当遵循平等自愿、协商一致的原则，不得违反法律、行政法规的规定。

劳动合同依法订立即具有法律约束力，当事人必须履行劳动合同规定的义务。

第三十六条 国家实行劳动者每日工作时间不超过八小时、平均每周工作时间不超过四十四小时的工时制度。

第三十七条 对实行计件工作的劳动者,用人单位应当根据本法第三十六条规定的工时制度合理确定其劳动定额和计件报酬标准。

第三十八条 用人单位应当保证劳动者每周至少休息一日。

纠纷解决技巧

劳动者应明确在标准工时制及计件工作制下,其所应当从事劳动的法定时间,尤其注意用人单位在计件工作制下要求自己从事过重的工作,以变相强迫自己加班的行为。当发现用人单位的工时制度违反劳动法的规定时,应依法向单位主张加班费用,必要时还可寻求劳动行政部门、劳动争议仲裁机构等的帮助。

试题

以下关于工时制的论述,符合法律规定的有哪些?(多选)(　　)①

A. 用人单位要求劳动者每日工作 7 小时,每周工作 6 天

B. 用人单位要求劳动者每日工作 9 小时,每周工作

① 答案:ACD。

笔记区

5天

C. 用人单位可以只给劳动者安排单休

D. 用人单位可以在周六、周日以外为劳动者安排双休或单休日

笔记区

▶ 31. 用人单位任意延长工作时间应该怎么办?

案例

小戴在某玩具厂工作。由于工厂生产的玩具质量好、款式佳,一时间订单暴涨。为确保订单任务保质保量完成,工厂与小戴等员工商议每个工作日下班后加班 1 小时,公司会付给他们相应的加班费。工厂效益好令员工们十分高兴,大家也都干劲十足,接受了工厂的加班要求。然而,工作了一段时间后,工厂却逐渐要求员工们延长加班时间,有时甚至要多干五六个小时。员工们纷纷表示不满,工厂却说他们一开始都同意了加班,如不来加班就要扣工钱。小戴十分困惑,工厂能否因他们曾同意下班后加班一小时就继续任意延长加班时间呢?

法律分析

我国劳动法规定,如用人单位确有生产经营需要,可以在与工会和劳动者协商后延长工作时间。但为保障劳动者的休息权,确保其工作的可持续性,法律同时也严格限制劳动者的加班时间:在一般情况下,每日加班不得超过 1 小时,如有特殊原因则可在保障劳动者身体健康的情况下延长至 3 小时,但每月加班总时长不得超过 36 小时。

笔记区

用人单位安排加班的，还需向劳动者支付加班费。在本案中，玩具厂为及时完成数量暴涨的订单，安排劳动者进行加班确实属于生产经营需要，其一开始与劳动者协商每个工作日延长1小时加班时间的做法也并不违反法律的规定。然而，此后工厂逐渐违反了与劳动者协商的结果，每日要求员工加班五六个小时的做法严重违反了劳动法的加班时间限制。此时，玩具厂无权以劳动者最开始对于每日延长工作1小时的同意为由而将其违法行为合法化，更无权在劳动者拒绝加班时扣除其工钱，而应及时停止其违法行为，并向劳动者支付应得的加班费用。

知识链接

《中华人民共和国劳动法》第四十一条　用人单位由于生产经营需要，经与工会和劳动者协商后可以延长工作时间，一般每日不得超过一小时；因特殊原因需要延长工作时间的，在保障劳动者身体健康的条件下延长工作时间每日不得超过三小时，但是每月不得超过三十六小时。

《中华人民共和国劳动合同法》第三十一条　用人单位应当严格执行劳动定额标准，不得强迫或者变相强迫劳动者加班。用人单位安排加班的，应当按照国家有关规定向劳动者支付加班费。

笔记区

纠纷解决技巧

劳动者在实践中如遇到用人单位要求延长工作时间的情况,需明确单位有义务在与工会和劳动者协商后可安排加班,同时法律也严格限制了加班的时长。为避免日后出现不必要的纠纷,劳动者最好与用人单位订立加班协议,对加班的时长、报酬、强度等内容提前予以明确。

试题

用人单位要求劳动者延长工作时间需符合哪些条件?(多选)(　　)①

A. 应与工会和劳动者进行协商

B. 一般情况下每日延长工作时间不得超过 2 小时

C. 必要时每日可以延长工作时间 3 小时

D. 每月延长工作时间不得超过 30 小时

---

① 答案:AC。

笔记区

32. 用人单位强迫劳动者加班该怎么办?

案例

小莉经同村人介绍,前往外省一家纺织厂工作,工厂给的工资虽然不多,但是包吃包住,总体而言待遇不错。工作几天后,工厂开始要求小莉等人加班,工作的时间越来越长,还不给加班费。小莉觉得身体吃不消,向工厂提出了离职,工厂却不同意,担心小莉等人跑掉,还派保安时刻看守员工宿舍,每日“接送”小莉上下班,且在工作及加班期间,还将车间的大门锁住。最后,小莉偷偷给家里人打电话告知了情况,父母前来把她接回家才得以脱身。这段工作经历令小莉感到十分痛苦,她想知道工厂应就其一系列恶劣行为承担哪些责任?

法律分析

劳动法严格禁止用人单位强迫劳动者劳动、加班的行为。用人单位以非法限制人身自由等方式强迫劳动者劳动的,劳动者可以在未事先告知用人单位的情况下,立即解除劳动合同;根据违法行为的严重程度,用人单位还需要赔偿劳动者的损失,被处以 15 日以下拘留或罚款或警告,构成强迫劳动罪的,还应承担相应的刑事责任。具体

笔记区

到本案,纺织厂主要存在以下违法行为:(1)任意安排劳动者加班且不支付加班费;(2)以限制人身自由的方式强迫小莉等员工进行劳动和加班。针对这些行为,工厂需根据小莉的加班时长向其支付相应的加班费,并承担相应的行政责任乃至刑事责任。此时,由于用人单位有错在先,小莉可在不事先告知用人单位的情况下直接解除与单位间的劳动合同,无须征得纺织厂的同意。

知识链接

《中华人民共和国劳动合同法》

第三十一条 用人单位应当严格执行劳动定额标准,不得强迫或者变相强迫劳动者加班。用人单位安排加班的,应当按照国家有关规定向劳动者支付加班费。

第三十八条第二款 用人单位以暴力、威胁或者非法限制人身自由的手段强迫劳动者劳动的,或者用人单位违章指挥、强令冒险作业危及劳动者人身安全的,劳动者可以立即解除劳动合同,不需事先告知用人单位。

第八十八条 用人单位有下列情形之一的,依法给予行政处罚;构成犯罪的,依法追究刑事责任;给劳动者造成损害的,应当承担赔偿责任:(一)以暴力、威胁或者非法限制人身自由的手段强迫劳动的……

《中华人民共和国劳动法》第九十六条 用人单位有

笔记区

下列行为之一,由公安机关对责任人员处以十五日以下拘留、罚款或者警告;构成犯罪的,对责任人员依法追究刑事责任:

(一)以暴力、威胁或者非法限制人身自由的手段强迫劳动的;

(二)侮辱、体罚、殴打、非法搜查和拘禁劳动者的。

纠纷解决技巧

劳动者在找工作时千万不要疏忽大意,即便有同乡或熟人介绍也应谨慎,一定要多方打听用人单位的工作待遇以及劳动条件等情况,最好能到单位实地考察,做到心中有数。如果在工作过程中遇到用人单位强迫劳动的情况,应在保护自身人身安全的情况下,及时解除劳动合同,离开工作单位,并向劳动行政部门及公安机关寻求帮助。

试题

用人单位强迫加班时,劳动者该怎么办?(　　)[1]

A. 劳动者可以在不通知单位的情况下,即时解除劳动合同

B. 劳动者可以向劳动行政部门举报投诉

C. 劳动者可以向公安机关寻求帮助

D. 以上行为都对

---

① 答案:D。

笔记区

▶ 33. 因突发事故要求劳动者加班是否合法?

案例

老张在市水务公司工作。某天夜里,老张突然接到公司电话,称某接线处供水主管网突然受损,导致多区民众供水受到影响,要求老张立刻前往受损处加班加点进行抢修。在连续工作一天一夜后,老张感到十分疲惫,因现场还有其他维修人员工作,便向公司请假休息,不料却遭到拒绝。老张认为自己本身就是连夜加班工作,而且公司的加班时长也有些过分,自己要求休息无可厚非。然而公司却说这一安排是完全合法的,老张想知道这到底是怎么一回事?

法律分析

劳动法虽然严格限制用人单位要求劳动者延长工作时间的行为,这种限制却存在例外,即当发生自然灾害、事故或因其他原因,对劳动者生命健康和财产安全造成威胁,需要紧急处理的,或生产设备、交通运输线路、公共设施发生故障,影响生产和公众利益,必须及时抢修的,以及存在法律、行政法规规定的其他情形时,用人单位延长工作时间无须与工会、劳动者进行协商,且可以超过法定的

笔记区

时间限制。本案中，水务公司要求老张加班的原因为当地某供水主管网受损，导致许多民众供水受到影响，属于公共设施发生影响公众利益的故障，需要及时抢修的情形。此时，出于维护公共利益的考虑，公司要求老张超出法定加班时限进行加班加点抢修的行为并不违反劳动法的规定。

知识链接

《中华人民共和国劳动法》

第四十一条　用人单位由于生产经营需要，经与工会和劳动者协商后可以延长工作时间，一般每日不得超过一小时；因特殊原因需要延长工作时间的，在保障劳动者身体健康的条件下延长工作时间每日不得超过三小时，但是每月不得超过三十六小时。

第四十二条　有下列情形之一的，延长工作时间不受本法第四十一条规定的限制：

（一）发生自然灾害、事故或者因其他原因，威胁劳动者生命健康和财产安全，需要紧急处理的；

（二）生产设备、交通运输线路、公共设施发生故障，影响生产和公众利益，必须及时抢修的；

（三）法律、行政法规规定的其他情形。

笔记区

纠纷解决技巧

尽管劳动法尊重并保障劳动者休息休假的权利，但当其与公共利益存在冲突时，法律将优先对公共利益予以维护。因此，当存在威胁劳动者生命财产安全或危害公共利益的突发事故时，用人单位有权超越法律限制要求劳动者延长工作时间，劳动者不应以《中华人民共和国劳动法》第41条为依据加以拒绝。

试题

在以下哪些情形下，用人单位安排劳动者加班无须事先与工会和劳动者协商，且无严格的时间限制？（多选）（　　）①

A. 发生自然灾害、事故或者因其他原因，威胁劳动者生命健康和财产安全，需要紧急处理的

B. 生产设备、交通运输线路、公共设施发生故障，影响生产和公众利益，必须及时抢修的

C. 用人单位订单过多，需要加班加点赶工以避免退单的

D. 用人单位经济发生困难，需要劳动者加班生产以帮助公司渡过难关的

① 答案：AB。

笔记区

▶ 34. 关于休息休假制度法律是如何规定的?

案例

江某最近成功入职某公司从事销售工作。在订立劳动合同时,合同中关于工作时间和休息休假的条款要求江某每周须在公司工作6天,每天工作7小时,并且他享有的法定节假日仅包括元旦、春节及国庆节。江某对于公司只给他放单休日而非双休日的行为感到困惑,同时也感觉法定节假日似乎少了点什么。但考虑到找工作不易,为尽快上岗,江某还是签订了劳动合同。但江某想知道公司给他的休息休假安排到底合不合法?

法律分析

休息休假制可以分为休息制和休假制。休息制与工时制相对应,主要有国家机关、事业单位的双休制标准休息制以及企业的单休制标准休息制。休假制则包括节假、年假、产假、病假、事假等,其中节假包括全体公民放假的法定节假日和部分公民放假的节日及纪念日。前者包括新年、春节、清明节、劳动节、端午节、中秋节、国庆节,共计放假11天。本案中某公司并非国家机关或事业单位,在符合标准工时制的基础上施行单休制并不违反法律的规定。然而,其在劳动合同中约定的休息休假条款却仅涵盖3个法定节假日,存在限制劳动者休假权的违法行为,应当予以改正。

知识链接

《中华人民共和国劳动法》

第三十八条 用人单位应当保证劳动者每周至少休息一日。

第四十条 用人单位在下列节日期间应当依法安排劳动者休假:

(一)元旦;

(二)春节;

(三)国际劳动节;

(四)国庆节;

(五)法律、法规规定的其他休假节日。

国务院《全国年节及纪念日放假办法》第二条 全体公民放假的节日:

(一)新年,放假1天(1月1日);

(二)春节,放假3天(农历正月初一、初二、初三);

(三)清明节,放假1天(农历清明当日);

(四)劳动节,放假1天(5月1日);

(五)端午节,放假1天(农历端午当日);

笔记区

（六）中秋节，放假1天（农历中秋当日）；

（七）国庆节，放假3天（10月1日、2日、3日）。

国务院《关于职工工作时间的规定》第七条 国家机关、事业单位实行统一的工作时间，星期六和星期日为周休息日。

企业和不能实行前款规定的统一工作时间的事业单位，可以根据实际情况灵活安排周休息日。

纠纷解决技巧

周休两日的标准休息制主要适用于国家机关和事业单位，对于二者之外的企业而言，只要不违反标准工时制下的工作时间限制，用人单位可以仅安排劳动者进行单休。此外，如用人单位的生产经营活动具有特殊性，需要安排劳动者在法定节假日进行工作，最好提前在劳动合同中加以明确，并及时足额向劳动者支付相应的加班费用。

试题

笔记区

以下关于休息休假的表述,哪些是正确的?(多选)(　　)[①]

A. 用人单位可以施行单休制

B. 妇女节应给妇女放假一天

C. 春节应给全体公民放假 7 天

D. 国庆节的法定休假日为 3 天

---

① 答案:AD。

笔记区

35. 法定节假日可以不发加班工资而安排劳动者补休吗？

案例

小齐听说在春节期间加班可以拿到3倍工资，于是主动向经理要求初一至初三期间加班。但出乎小齐意料的是，节后发放工资时，她并未收到预想的加班费用。小齐前去询问经理，却被告知因酒店决定安排她补休，所以就不支付加班费了。小齐感到十分失望，她想知道酒店的做法是否符合法律规定？自己到底有没有权利拿到加班费用呢？

法律分析

用人单位安排劳动者延长工作时间的，需要基于以下标准支付加班费用：在工作日延长工作时间的，支付不低于工资150%的报酬；在休息日安排劳动者工作的，支付不低于工资200%的报酬；在法定休假日安排劳动者工作的，支付不低于工资300%的报酬。其中，如用人单位在休息日安排劳动者工作，并能够为其安排补休，则无须支付加班费用。由于法定节假日通常具有风俗习惯或纪念意义等特殊含义，关乎广大民众的切身利益，具有不可替代性，

笔记区

因此以补休代替支付加班费用的做法并不适用于法定节假日。结合本案情况,由于小齐在初一到初三曾加班,这三日为国家规定的全体公民放假的法定节假日,酒店应当依法向其支付3倍工资作为加班费,而不得以补休为由拒绝支付相应的加班费用。

知识链接

《中华人民共和国劳动法》第四十四条 有下列情形之一的,用人单位应当按照下列标准支付高于劳动者正常工作时间工资的工资报酬:

(一)安排劳动者延长工作时间的,支付不低于工资的百分之一百五十的工资报酬;

(二)休息日安排劳动者工作又不能安排补休的,支付不低于工资的百分之二百的工资报酬;

(三)法定休假日安排劳动者工作的,支付不低于工资的百分之三百的工资报酬。

国务院《全国年节及纪念日放假办法》第二条 全体公民放假的节日……(二)春节,放假3天(农历正月初一、初二、初三)……

纠纷解决技巧

法律规定在法定节假日进行休息,不仅是为了保障劳动者的休息休假权,更是为了弘扬传统文化,增强国家、民

笔记区

族的自信心与凝聚力。因此,一系列具有丰富政治、经济、文化内涵的法定节假日实际上具有不可替代性,安排补休并不能弥补劳动者应当享受的法定节假日的重要价值与相关权利,故用人单位必须向劳动者支付加班费用,在经济上进行补偿。实践中,如劳动者遇到用人单位以补休为由拒绝支付其在法定节假日工作的加班费用的情形,应知晓这一行为的违法性,并通过与用人单位进行协商乃至诉诸法律的措施坚决维护自身权益。

试题

劳动者在法定节假日加班的,应享受以下哪种待遇?(　　)[①]

A. 用人单位应给劳动者安排补休,并支付 2 倍工资作为加班费

B. 用人单位应给劳动者安排补休,无须额外支付加班费

C. 用人单位不应给劳动者安排补休,但须支付 3 倍工资作为加班费

D. 用人单位不应给劳动者安排补休,但须支付 2 倍工资作为加班费

---

① 答案:C。

笔记区

36. 职工带薪年休假的天数如何确定?

案例

陈某在A公司工作10年后,跳槽到了B公司。在B公司工作1年后,陈某认为近期工作状态不佳,想进行休整,遂向公司申请休年假。公司表示,由于陈某仅在本公司工作了1年多,只能享有5天的年休假。鉴于公司最近业务繁忙,集中安排年假可能会耽误工作进度,只能准许陈某在后续五周每周五休息。然而,陈某在休息期间曾在两个周五被叫到公司工作。休假结束后,陈某询问公司加班费事宜,却被告知周五本身就是法定工作日,况且公司在其年假期间也正常支付了工资,不需要额外再向他支付加班费。陈某认为公司的做法并不合理,想知道法律上对于年假是如何规定的?

法律分析

职工带薪年休假的天数以职工在不同单位的累计工作年限作为计算基础,而非职工在本单位工作的年限。法律规定,职工累计工作满1年不满10年的,年休假5天;满10年不满20年的,年休假10天;满20年的,年休假15天。在年休假的具体安排上,公司具有用工自主权,可以

笔记区

决定在1个年度内集中安排或分段安排年假,也可以跨年度进行安排。如因工作需要无法安排职工休年假,可以在职工本人同意后不安排休假,但要按照职工日工资收入的300%支付年休假的加班工资。结合本案案情,尽管陈某仅在B公司工作了1年多,但其之前曾在A公司工作了10年,累计工作年限已满10年,应当依法享有10天的年休假。公司只给他放假5天的做法属于违法行为。同时,虽然公司以业务繁忙为由分段给陈某放假的行为属于对用工自主权的合理行使,但在陈某放假期间要求其到岗工作却不额外支付加班费的行为具有违法性,公司应当按照陈某日工资收入的300%向其支付加班费。

知识链接

国务院《职工带薪年休假条例》

第二条 机关、团体、企业、事业单位、民办非企业单位、有雇工的个体工商户等单位的职工连续工作1年以上的,享受带薪年休假(以下简称年休假)。单位应当保证职工享受年休假。职工在年休假期间享受与正常工作期间相同的工资收入。

第三条 职工累计工作已满1年不满10年的,年休假5天;已满10年不满20年的,年休假10天;已满20年的,年休假15天。

国家法定休假日、休息日不计入年休假的假期。

第五条 单位根据生产、工作的具体情况,并考虑职工本人意愿,统筹安排职工年休假。

年休假在1个年度内可以集中安排,也可以分段安排,一般不跨年度安排。单位因生产、工作特点确有必要跨年度安排职工年休假的,可以跨1个年度安排。

单位确因工作需要不能安排职工休年休假的,经职工本人同意,可以不安排职工休年休假。对职工应休未休的年休假天数,单位应当按照该职工日工资收入的300%支付年休假工资报酬。

第七条 单位不安排职工休年休假又不依照本条例规定给予年休假工资报酬的,由县级以上地方人民政府人事部门或者劳动保障部门依据职权责令限期改正;对逾期不改正的,除责令该单位支付年休假工资报酬外,单位还应当按照年休假工资报酬的数额向职工加付赔偿金;对拒不支付年休假工资报酬、赔偿金的,属于公务员和参照公务员法管理的人员所在单位的,对直接负责的主管人员以及其他直接责任人员依法给予处分;属于其他单位的,由劳动保障部门、人事部门或者职工申请人民法院强制执行。

笔记区

纠纷解决技巧

劳动者应当明确自己在各单位的累计工作年限，以此为据计算自己应当享有的带薪年休假天数。如用人单位存在故意少放假、要求劳动者在休假期间工作却不发放工资300%的加班费的行为，可以先依法与单位进行沟通。如单位拒不改正，可以向政府人事部门或劳动行政部门举报，由相关机关责令用人单位改正，以此维护自己休息休假的合法权益。

试题

以下关于职工带薪年休假的表述，哪一选项是正确的？（　　）①

A. 职工带薪年休假的天数以其在本单位工作年限为依据确定

B. 经职工同意，用人单位因工作需要可以不安排其休年假

C. 国家法定休假日、休息日应计入年休假的假期

D. 对职工应休未休的年休假天数，单位应当按照该职工日工资收入的200%支付年休假工资报酬

① 答案：B。

笔记区

37. 用人单位应为劳动者提供哪些劳动安全保障?

案例

胡大爷经培训取得煤矿井下电气作业证,应聘到某煤业公司从事煤矿井下机电设备的维修和故障处理等工作。在工作过程中,他发现公司某新建煤矿的通风安全设施、防灭火安全设施等尚未投入使用,并且公司为其配备的矿工帽、工作服等也存在质量不过关的问题。他找负责人询问后得知,相关安全设施尚未安装完毕,但出于尽快开采矿藏,完成产能指标的考虑,公司还是决定将煤矿工程投入使用。至于胡大爷的矿工帽等防护用品,负责人表示,都是基于公司制定的安全标准定做的,安全具有保障,让胡大爷不必担心。胡大爷对负责人的说法表示怀疑,他想知道法律上对于相关问题是如何规定的?

法律分析

劳动法要求用人单位必须建立、健全劳动安全卫生制度,严格执行国家劳动安全卫生规程和标准,切实履行建设安全设施、提供劳动防护、聘用合格员工等法定义务。具体而言,用人单位应当建立符合国家规定标准的劳动安

笔记区

全卫生设施，并使其与新建、改建、扩建工程的主体工程同时设计、同时施工、同时投入生产和使用；有义务基于国家规定的标准为劳动者提供劳动安全卫生条件和必要的劳动防护用品；在招收特种作业的劳动者时，需确定劳动者经过专门培训并取得特种作业资格。本案中，胡大爷已经取得煤矿井下电气作业证，说明某煤业公司的招聘行为符合法律规定。然而，公司新建煤矿的一系列安全设施并未做到与其主体工程同时设计、同时施工、同时投入生产和使用。此外，公司为员工提供的矿工帽、工作服等应当符合国家标准，仅符合公司安全标准并不能确保劳动防护用品的安全性。因此，公司并未依法为劳动者提供充分的劳动安全保障，应当停用新建煤矿，等待劳动安全设施准备完毕再予以开工，同时其也应当为胡大爷等员工重新提供符合国家安全标准的劳动防护用品。

知识链接

《中华人民共和国劳动法》

第五十三条　劳动安全卫生设施必须符合国家规定的标准。

新建、改建、扩建工程的劳动安全卫生设施必须与主体工程同时设计、同时施工、同时投入生产和使用。

第五十四条　用人单位必须为劳动者提供符合国家

规定的劳动安全卫生条件和必要的劳动防护用品,对从事有职业危害作业的劳动者应当定期进行健康检查。

笔记区

第五十五条 从事特种作业的劳动者必须经过专门培训并取得特种作业资格。

第九十二条 用人单位的劳动安全设施和劳动卫生条件不符合国家规定或者未向劳动者提供必要的劳动防护用品和劳动保护设施的,由劳动行政部门或者有关部门责令改正,可以处以罚款;情节严重的,提请县级以上人民政府决定责令停产整顿;对事故隐患不采取措施,致使发生重大事故,造成劳动者生命和财产损失的,对责任人员依照刑法有关规定追究刑事责任。

纠纷解决技巧

用人单位须对员工承担劳动安全保障义务。实践中,劳动者如遇到用人单位建立的劳动安全设施存在问题、发放的劳动防护用品有质量缺陷或根本未发放防护用品等情况,可以行使单方面解除劳动合同的权利,以维护自身安全。同时,劳动者也可以向劳动行政部门进行投诉,由有关部门责令用人单位进行改正,并使之承担相应的行政乃至刑事法律责任。

笔记区

试题

以下有关劳动安全保障方面的表述，哪些是正确的？(多选)(　　)[1]

A. 因生产需要，新建工程的劳动安全卫生设施可以不与主体工程同时投入生产和使用

B. 用人单位必须为劳动者提供符合企业安全规定的劳动安全卫生条件和必要的劳动防护用品

C. 用人单位应对从事有职业危害作业的劳动者定期进行健康检查

D. 从事特种作业的劳动者必须经过专门培训并取得特种作业资格

① 答案：CD。

笔记区

▶ 38. 用人单位应当为未成年工提供哪些特殊保护?

案例

小刚初中毕业后便辍学在家。17 岁那年，小刚想外出闯荡赚点钱，于是到某面粉厂应聘成为一名搬运工。经理知道小刚尚未成年，便跟他说可以给他安排稍微轻一点的活，小刚表示自己年轻力壮，不用照顾自己。经理也就没再说什么。不过，工厂的工作劳累程度超出了小刚的预料。他经常需要搬运重达 30kg 的货物，每次下班后都筋疲力尽。很快，小刚的身体便吃不消了，不仅出现了腰肌劳损等问题，而且还经常性地头晕恶心。小刚认为是工作过重导致自己身体出了问题，遂找经理进行理论。经理却说无法证明小刚的健康问题与工作有关，是他自己身体太弱导致的。由于开始工作前没有进行体检，小刚一时也犯了难，工厂到底应不应该承担责任呢?

法律分析

劳动法对年满 16 周岁但未满 18 周岁的未成年工予以特殊保护。用人单位在聘用这类劳动者时，既需要在安排工作岗位之前、劳动者工作满 1 年以及年满 18 周岁且距离上一次体检时间已过半年时安排未成年工进行体检，也需要在工作内容及强度上对其予以特殊照顾，不得安排未成年工从事矿山井下、有毒有害、国家规定的第四级体力劳动强度的劳动和其他禁忌从事的劳动。在本案中，小刚年仅17岁，显然属于未成年工，面粉厂在招聘时应当安排其进行健康体检，并安排与其年龄相符合的工作。尽管小刚以自己年轻力壮为由答应从事较重的体力活动，但禁止未成年工从事禁忌劳动是用人单位的法定义务，不能因为存在劳动者的同意就被轻易免除。面粉厂经常性安排小刚搬运重达30kg的货物，已经违反了法律禁止未成年人从事"间断负重每次超过25公斤的作业"的工作之规定。面粉厂应当尽快改正其违法行为，并就其给小刚身体健康造成的损害承担赔偿责任。

知识链接

《中华人民共和国劳动法》

第五十八条第二款　未成年工是指年满十六周岁未满十八周岁的劳动者。

第六十四条　不得安排未成年工从事矿山井下、有毒有害、国家规定的第四级体力劳动强度的劳动和其他禁忌从事的劳动。

第六十五条　用人单位应当对未成年工定期进行健

康检查。

第九十五条 用人单位违反本法对女职工和未成年工的保护规定,侵害其合法权益的,由劳动行政部门责令改正,处以罚款;对女职工或者未成年工造成损害的,应当承担赔偿责任。

原劳动部《未成年工特殊保护规定》第三条 用人单位不得安排未成年工从事以下范围的劳动:

(一)《生产性粉尘作业危害程度分级》国家标准中第一级以上的接尘作业;

(二)《有毒作业分级》国家标准中第一级以上的有毒作业;

(三)《高处作业分级》国家标准中第二级以上的高处作业;

(四)《冷水作业分级》国家标准中第二级以上的冷水作业;

(五)《高温作业分级》国家标准中第三级以上的高温作业;

(六)《低温作业分级》国家标准中第三级以上的低温作业;

(七)《体力劳动强度分级》国家标准中第四级体力劳动强度的作业;

(八)矿山井下及矿山地面采石作业;

笔记区

（九）森林业中的伐木、流放及守林作业；

（十）工作场所接触放射性物质的作业；

（十一）有易燃易爆、化学性烧伤和热烧伤等危险性大的作业；

（十二）地质勘探和资源勘探的野外作业；

（十三）潜水、涵洞、涵道作业和海拔三千米以上的高原作业（不包括世居高原者）；

（十四）连续负重每小时在六次以上并每次超过 20 公斤，间断负重每次超过 25 公斤的作业；

（十五）使用凿岩机、捣固机、气镐、气铲、铆钉机、电锤的作业；

（十六）工作中需要长时间保持低头、弯腰、上举、下蹲等强迫体位和动作频率每分钟大于五十次的流水线作业；

（十七）锅炉司炉。

纠纷解决技巧

未成年工在工作过程中应注意用人单位是否依法为其提供了特殊保护，既要关注单位是否为其定期提供健康检查，也要明确用人单位为其安排的工作是否属于《未成年工特殊保护规定》第 3 条所列举的禁止未成年工从事的劳动。如用人单位存在违法行为，可以依法向劳动行政部门投诉，由该部门责令单位对其违法行为加以改正，并就其给劳动者造成的损失承担赔偿责任。

笔记区

试题

以下关于未成年工的表述,哪一项是正确的?( )[1]

A. 未满16周岁的劳动者是未成年工

B. 如身体状况允许,未成年工也可以从事第四级体力劳动强度的劳动

C. 用人单位应当对未成年工定期进行健康检查

D. 由于未成年工劳动强度有限,单位可以向其支付低于最低工资标准的工资

① 答案:C。

笔记区

▶ 39. 用人单位能否招用童工?

案例

萌萌从小具有舞蹈天赋,初中毕业后,父母为了使她的天赋得到更好的发挥,将15岁的萌萌送到县舞蹈团进行历练。萌萌由此与舞蹈团签约成为一名职业舞者,开始跟随舞蹈团在周边村镇进行演出。在此过程中,萌萌既提高了能力,也收获了不错的薪水,她的父母对此感到十分欣慰。然而,家里的亲戚告诉她的父母,萌萌还不满16岁,属于童工,法律禁止单位招用童工,让萌萌在舞蹈团工作是违法的。萌萌父母一时慌了神,他们想知道让萌萌加入县舞蹈团到底合不合法?

法律分析

为了保障未成年人的身心健康及受教育权,劳动法禁止用人单位招用未满16周岁的童工。例外的是,文艺、体育和特种工艺单位在遵守国务院劳动保障行政部门会同国务院文化、体育行政部门制定的相关规定的情况下,向当地劳动保障行政部门申请,并履行相应的审批手续后,可以招用童工。在本案中,萌萌就职的单位是县舞蹈团,属于具有特殊性的文艺单位。由于萌萌在初中毕业后才前往舞蹈团工作,已经完成了义务教育,且征得了父母的同意,这一行为并不违反法律规定,不构成违法招用童工,萌萌的父母不必对此感到担忧。

笔记区

知识链接

《中华人民共和国劳动法》

第十五条 禁止用人单位招用未满十六周岁的未成年人。

文艺、体育和特种工艺单位招用未满十六周岁的未成年人,必须遵守国家有关规定,并保障其接受义务教育的权利。

第九十四条 用人单位非法招用未满十六周岁的未成年人的,由劳动行政部门责令改正,处以罚款;情节严重的,由市场监督管理部门吊销营业执照。

纠纷解决技巧

除文艺、体育和特种工艺单位外,其他单位不具有招用童工的资格。同时,此类文体单位在用工时,也必须遵守国家的相关规定,履行相应的程序,尤其要确保未成年人接受义务教育的权利不受侵害。劳动者在工作过程中,如遇到文体单位违法使用童工抑或其他类型的用人单位招用童工的行为,应当向劳动行政部门举报,维护未成年人的合法权益。

笔记区

试题

何种类型的用人单位可以招用童工？(　　)[1]

A. 文艺单位　　B. 体育单位

C. 特种工艺单位　　D. 以上都可以

① 答案:D。

笔记区

▶ 40. 女职工应受到哪些特殊保护?

案例

小慧在某冷库从事搬运工作,因为她身体素质好,比男性搬运工都有力气,所以经常能在1小时内连续7次搬运超过20公斤的货物。后来,她因怀孕身体状况受到影响,无法从事过重的体力劳动,向领导请示调换岗位,在怀孕期间改为担任冷库的叉车工。小慧生产后复工,领导认为她正处于哺乳期,不应该干重活,便继续让她做叉车工。小慧对此十分感激,工作也更有干劲,经常下班后还多干一个小时,领导对此也大加赞许。后来,朋友听说小慧在冷库从事搬运和叉车工的工作,告诉她公司给她的工作安排可能违反了法律上有关女职工特殊保护的规定。小慧对此感到疑惑,她想知道法律到底赋予了自己哪些特殊保护?单位又存在什么违法行为呢?

法律分析

劳动法赋予女职工特殊劳动保护,不仅禁止用人单位安排女职工从事矿山井下、国家规定的第四级体力劳动强度的劳动和其他禁忌从事的劳动,而且也对处于经期、孕期、哺乳期的“三期”女职工予以特殊关照:法律禁止经期

笔记区

女职工从事高处、低温、冷水作业和国家规定的第三级体力劳动强度的劳动；禁止孕期女职工从事国家规定的第三级体力劳动强度的劳动和孕期禁忌从事的劳动，且不得安排怀孕7个月以上的女职工延长工作时间和进行夜班劳动；禁止哺乳期女职工从事国家规定的第三级体力劳动强度的劳动和哺乳期禁忌从事的其他劳动，并不得延长工作时间和进行夜班劳动。相应的禁忌劳动在《女职工劳动保护特别规定》中有所列明。在本案中，冷库在用工过程中存在多处违法行为：第一，安排小慧做搬运工，承担在一小时内连续7次搬运超过20公斤货物的工作，构成安排女职工从事"每小时负重6次以上、每次负重超过20公斤的作业"的禁忌劳动；第二，冷库虽然在小慧孕期为其调换工作，但仍安排她在冷库工作，构成安排孕期女职工从事"低温作业分级标准中规定的低温作业"的禁忌劳动；第三，在小慧哺乳期默许其主动加班的行为，违反了禁止安排哺乳期女职工延长工作时间的规定。

知识链接

《中华人民共和国劳动法》

第五十八条第一款 国家对女职工和未成年工实行特殊劳动保护。

第五十九条 禁止安排女职工从事矿山井下、国家规

笔记区

定的第四级体力劳动强度的劳动和其他禁忌从事的劳动。

第六十条 不得安排女职工在经期从事高处、低温、冷水作业和国家规定的第三级体力劳动强度的劳动。

第六十一条 不得安排女职工在怀孕期间从事国家规定的第三级体力劳动强度的劳动和孕期禁忌从事的劳动。对怀孕七个月以上的女职工,不得安排其延长工作时间和夜班劳动。

第六十二条 女职工生育享受不少于九十天的产假。

第六十三条 不得安排女职工在哺乳未满一周岁的婴儿期间从事国家规定的第三级体力劳动强度的劳动和哺乳期禁忌从事的其他劳动,不得安排其延长工作时间和夜班劳动。

第九十五条 用人单位违反本法对女职工和未成年工的保护规定,侵害其合法权益的,由劳动行政部门责令改正,处以罚款;对女职工或者未成年工造成损害的,应当承担赔偿责任。

纠纷解决技巧

女职工应了解劳动法赋予其的特殊保护,熟悉《女职工劳动保护特别规定》中所列明的禁止其所承担的工作,避免用人单位肆意安排不适宜女性从事的工作,对其身心健康造成损害。如遇用人单位存在相关违法行为,可向劳

笔记区

动行政部门进行投诉,并就相关工作对其造成的损害向用人单位主张赔偿责任。

试题

处于经期的女职工享有劳动法的何种特殊保护?(　　)①

A. 用人单位不得为其安排夜班劳动

B. 用人单位不得安排其延长工作时间

C. 用人单位不得安排其从事高处、低温、冷水作业和国家规定的第三级体力劳动强度的劳动

D. 用人单位应安排其休假

① 答案:C。

笔记区

▶ 41. 劳务派遣工的劳动报酬如何发放?

案例

沈某与某劳务派遣公司签订了为期2年的固定期限劳动合同,并由公司将其派遣到某制造公司工作,派遣期限为3个月,约定每月报酬为4000元。但在工作期间,沈某只收到了3500元的报酬。对此,制造公司表示其作为用工单位,只具有向劳动者告知劳动报酬的义务,沈某需向劳务派遣公司这一劳动报酬发放方询问相关事宜。沈某询问劳务派遣公司后被告知由于其工作是派遣公司派遣,需向公司每月支付500元的手续费。在制造公司的工作任务完成后,劳务派遣公司因没有合适的工作机会而未继续将沈某派遣至新的单位,也因此以沈某没有提供劳动为由不再向其支付劳动报酬。沈某认为派遣公司的做法很不合理。他想了解法律对于劳务派遣工的劳动报酬问题到底是如何规定的。

法律分析

在劳务派遣关系中,劳务派遣单位是用人单位,需要履行用人单位对劳动者的法定义务。法律要求派遣单位与被派遣劳动者订立2年以上的固定期限劳动合同,按月

笔记区

向其支付劳动报酬，并在劳动者无工作期间，也按照当地最低工资标准向其按月支付报酬。除此之外，法律也严格禁止劳务派遣单位克扣被派遣劳动者劳动报酬的行为，并要求其与用工单位都不得向劳动者收取费用。据此，本案中的劳务派遣公司作为劳务派遣单位，是劳动报酬的实际发放主体，其在发薪事宜上主要存在双重违法行为：第一，并未按照劳务派遣协议向劳动者足额支付劳动报酬，而是以手续费的名义向劳动者违法收取费用；第二，在没有安排劳动者工作的情况下，未按照当地最低工资标准向劳动者支付报酬。制造公司作为用工单位，并不承担发放劳动报酬的义务，其在劳动报酬发放事项上要求劳动者向派遣单位主张权益的做法并无不当，并不存在违法现象。

知识链接

《中华人民共和国劳动合同法》

第五十八条 劳务派遣单位是本法所称用人单位，应当履行用人单位对劳动者的义务。劳务派遣单位与被派遣劳动者订立的劳动合同，除应当载明本法第十七条规定的事项外，还应当载明被派遣劳动者的用工单位以及派遣期限、工作岗位等情况。

劳务派遣单位应当与被派遣劳动者订立二年以上的固定期限劳动合同，按月支付劳动报酬；被派遣劳动者在无工作期间,劳务派遣单位应当按照所在地人民政府规定的最低工资标准,向其按月支付报酬。

第六十条 劳务派遣单位应当将劳务派遣协议的内容告知被派遣劳动者。

劳务派遣单位不得克扣用工单位按照劳务派遣协议支付给被派遣劳动者的劳动报酬。

劳务派遣单位和用工单位不得向被派遣劳动者收取费用。

第六十二条 用工单位应当履行下列义务……(二)告知被派遣劳动者的工作要求和劳动报酬……

第九十二条第二款 劳务派遣单位、用工单位违反本法有关劳务派遣规定的,由劳动行政部门责令限期改正;逾期不改正的,以每人五千元以上一万元以下的标准处以罚款,对劳务派遣单位,吊销其劳务派遣业务经营许可证。用工单位给被派遣劳动者造成损害的,劳务派遣单位与用工单位承担连带赔偿责任。

纠纷解决技巧

劳务派遣单位是劳务派遣关系中的用人单位,其需要依法承担用人单位在劳动关系之下对劳动者承担的法律责任。如劳务派遣单位在劳动报酬事宜上存在不及时足额发放工资、恶意克扣工资等违法行为,劳动者可以向劳

笔记区

动行政部门投诉，还可运用劳动争议解决机制加以处理。相关违法行为给劳动者利益造成损害的，劳动者可以向派遣单位和用工单位主张连带赔偿责任。

试题

以下关于劳务派遣的表述，哪一项是正确的？（　　）[①]

A. 劳务派遣单位与用工单位都是劳务派遣关系的用人单位

B. 劳务派遣单位可以向劳动者收取一定的介绍费

C. 劳务派遣单位具有向劳动者支付劳动报酬的义务

D. 被派遣劳动者无工作期间，劳务派遣单位无须向其支付劳动报酬

---

① 答案：C。

笔记区

▶ 42. 非全日制用工能够得到劳动法的哪些保障?

案例

小林上大学后决定勤工俭学,利用课余时间进行兼职,并成功应聘成为一家快餐店的点餐员。在与老板协商订立劳动合同时,老板表示他是非全日制用工,不需要订立书面劳动合同,双方口头约定相关事宜即可。经商议,老板要求小林每天放学后前来快餐店工作 5 小时,一周工作 5 天。老板每日付给他 80 元的报酬,但考虑到小林没有相关工作经验,需进行 1 个月的试用,试用期内报酬为 65 元。工作了几天后,小林认为老板给的工资太低,达不到当地 20 元的最低小时工资标准,遂向老板提出辞职。老板却说小林的要求过于突然,需再工作一周等店里招到接替他工作的人才能离职。此时,小林听曾在快餐店工作的同学说这家店的老板对员工很不好,侵犯劳动者权益的行为时有发生。小林一时慌了神,他想知道自己的权益是否遭到了损害?

法律分析

非全日制用工作为劳动者灵活就业的重要表现形式,在实践中得到了较为广泛的应用。在这种用工形式下,用

笔记区

人单位对劳动者的管理程度、侵权可能性要弱于正常的劳动关系，故劳动法对其相关事宜进行了专门规定：在工作时间上，非全日制用工的劳动者每日在同一用人单位的平均工作时间不得超过 4 小时，每周累计工作时间不得超过 24 小时；在合同形式上，允许劳动者与用人单位订立口头形式的劳动合同；在试用期上，禁止双方约定试用期；在合同解除、终止上，劳资双方有权随时通知对方终止用工；在劳动报酬上，用人单位向劳动者支付的报酬不得低于当地最低小时工资标准。在本案中，快餐店与小林订立口头合同的做法并不违法，但双方约定的口头合同内容违反了劳动法的规定：要求小林每日在快餐店工作 5 小时，一周工作 5 天的做法超出了非全日制劳动者日工作不超 4 小时，周工作不超过 24 小时的限制；向小林支付的 16 元（试用期为 13 元）的小时工资低于当地 20 元的最低小时工资标准；为小林安排试用期的做法同样与法律规定相违背。此外，法律赋予小林即时解除合同的权利，当小林提出离职时，老板要求他继续工作一周的做法也损害了其合法权益。

知识链接

《中华人民共和国劳动合同法》

第六十八条　非全日制用工，是指以小时计酬为主，劳动者在同一用人单位一般平均每日工作时间不超过四小时,每周工作时间累计不超过二十四小时的用工形式。

第六十九条 非全日制用工双方当事人可以订立口头协议。

从事非全日制用工的劳动者可以与一个或者一个以上用人单位订立劳动合同;但是,后订立的劳动合同不得影响先订立的劳动合同的履行。

第七十条 非全日制用工双方当事人不得约定试用期。

第七十一条 非全日制用工双方当事人任何一方都可以随时通知对方终止用工。终止用工,用人单位不向劳动者支付经济补偿。

第七十二条 非全日制用工小时计酬标准不得低于用人单位所在地人民政府规定的最低小时工资标准。

非全日制用工劳动报酬结算支付周期最长不得超过十五日。

纠纷解决技巧

非全日制用工受到劳动法的保障。在实践中,非全日制用工关系中的劳动者需明确自己依法享有的工作时间、劳动报酬、合同解除等方面的正当权益。由于法律允许劳动者与用人单位订立口头形式的劳动合同,所以劳动者更

笔记区

应注意在合同订立阶段与单位就相关事宜进行明确、充分的协商，避免用工过程中出现不必要的纠纷。

试题

以下关于非全日制用工的表述，哪一项符合法律规定？（　　）[①]

A. 非全日制用工必须订立书面形式劳动合同

B. 非全日制用工双方当事人可以约定试用期

C. 非全日制用工双方当事人解除劳动合同无须正当理由

D. 非全日制用工劳动报酬结算支付周期最长不得超过7日

---

① 答案：C。

笔记区

▶ 43. 外卖送餐员能否得到劳动法的保障?

案例

小郭成功应聘为某外卖平台的送餐员。在订立合同时,小郭询问公司签订的合同是否就是大家常说的劳动合同,签了合同后自己是不是就与公司建立了劳动关系,并因此能够享受很好的福利待遇。平台表示,小郭从事的工作在内容、时间上都具有很强的自主性,公司对其管理程度并不高,二者间关系不属于法律意义上的劳动关系,合同也只是确立双方权利义务的书面协议,并非劳动合同。尽管如此,公司表示也不会亏待他,会依法为其提供包括及时足额支付劳动报酬、布置科学合理的工作量、安排参与基本养老保险及医疗保险、购买商业保险等保障。虽然公司的解释令他放下心来,但他仍有些疑惑,自己与平台为什么不存在劳动关系呢?如果不存在劳动关系,那么平台又为何给自己提供了不少重要的劳动保障呢?

法律分析

劳动法以劳动关系为调整对象,这意味着当且仅当劳动者与用人单位间存在劳动关系时,双方才受到劳动法的

笔记区

约束。至于什么是劳动关系，则需满足原劳动和社会保障部《关于确立劳动关系有关事项的通知》中规定的标准：劳动者与用人单位都是合法主体，劳动者受到用人单位各项规章制度的约束与管理，从事单位安排的有报酬的劳动，并向单位提供属于其业务组成部分的劳动。就外卖送餐员而言，实践中这类劳动者既可能与平台之间存在劳动关系，也可能因仅受到平台的部分管理而与平台间关系属于不完全符合确立劳动关系情形，还可能因为受到的管理过少而只能与平台确立民事法律关系。其中，不完全符合确立劳动关系情形最常见，也最难处理——劳动者既因与平台间不存在劳动关系而难以得到劳动法的关照，也确因受到用人单位一定程度的管理而应当享受劳动法部分条款的保护。为此，国家出台专门规定要求平台企业为此类劳动者提供包括劳动报酬、休息休假、劳动保护、社会保险等方面的保障，以缓和劳资矛盾，促进劳资和谐。本案中，由于平台企业对小郭的管理程度有限，赋予其一定的工作自主权，二者间难以构成劳动关系，但应属于不完全符合确立劳动关系情形，平台依法与其订立书面协议，为之提供劳动法部分保障的做法并无不当。

知识链接

《中华人民共和国劳动法》第一条　为了保护劳动者

笔记区

的合法权益,调整劳动关系,建立和维护适应社会主义市场经济的劳动制度,促进经济发展和社会进步,根据宪法,制定本法。

原劳动和社会保障部《关于确立劳动关系有关事项的通知》 一、用人单位招用劳动者未订立书面劳动合同,但同时具备下列情形的,劳动关系成立。

(一)用人单位和劳动者符合法律、法规规定的主体资格;

(二)用人单位依法制定的各项劳动规章制度适用于劳动者,劳动者受用人单位的劳动管理,从事用人单位安排的有报酬的劳动;

(三)劳动者提供的劳动是用人单位业务的组成部分。

人力资源和社会保障部、国家发展改革委、交通运输部等八部门《关于维护新就业形态劳动者劳动保障权益的指导意见》 (二)符合确立劳动关系情形的,企业应当依法与劳动者订立劳动合同。不完全符合确立劳动关系情形但企业对劳动者进行劳动管理(以下简称不完全符合确立劳动关系情形)的,指导企业与劳动者订立书面协议,合理确定企业与劳动者的权利义务。个人依托平台自主开展经营活动、从事自由职业等,按照民事法律调整双方的权利义务。

市场监管总局、国家网信办、国家发展改革委等七部

笔记区

门《关于落实网络餐饮平台责任切实维护外卖送餐员权益的指导意见》 一、科学设置报酬规则，保障合理劳动收入……二、完善绩效考核制度，发挥正向激励作用……三、优化平台派单机制，切实保障劳动安全……四、加强外卖服务规范，严守食品安全底线……五、综合运用保险工具，着力强化保障力度……六、优化从业环境，改善工作生活条件……七、加强组织建设，完善支持保障体系……八、给予更多关心关爱，增强职业社会认同……九、强化风险防控措施，有效化解处置矛盾……十、适应灵活就业发展趋势，不断提升权益保障水平……

纠纷解决技巧

劳动者从事包括外卖送餐员、网约车司机等新就业形态的相关工作时，应了解用人单位对自身的管理程度，明确自己与平台企业间关系究竟是劳动关系、不完全符合确立劳动关系情形，还是民事法律关系，并结合具体关系类型确定单位应向自己提供的劳动保障内容。当用人单位的安排有违法律法规的规定时，也应基于关系属性采取劳动争议解决机制或提起民事诉讼进行处理。

试题

笔记区

外卖送餐员与平台企业间关系的三种形态指什么?(多选)(　　)①

A. 劳动关系　　B. 不完全符合劳动关系

C. 类劳动关系　　D. 民事法律关系

① 答案:ABD。

笔记区

▶ 44. 工伤包含哪些情形?

案例

苏某在某保洁公司担任保洁员。一日下班后,苏某在骑电动车回家途中,经过某路口时与正在转弯的重型货车相撞。苏某当场倒地身亡。事后,经道路交通事故认定,苏某与货车司机对事故承担同等责任。苏某的丈夫在处理苏某的后事时,被朋友告知苏某的情况可以向社会保险行政部门申请工伤认定,从而享有相应的工伤待遇。苏某的丈夫对此表示怀疑,毕竟苏某并非在工作过程中死亡,而且她对于事故也具有一定的责任。他想知道法律对于这种情况到底是怎么界定的,苏某的死亡能否被认定为工伤?

法律分析

在工伤认定问题上,主要依据工作时间、工作场所、工作原因三重要素进行判定,其中工作原因是核心要素。工作时间与场所是辅助要素,这意味着即便劳动者所受伤害并未于工作时间发生在工作场所,也可能被认定为工伤。我国法律规定应当被认定为工伤的情形既包括兼具以上三重要素,即"三工"要素的情况,也包括以下其他情形:劳动者于工作时间前后在工作场所内,从事与工作有关的预备性或收尾性工作受到事故伤害的;在工作时间和工作场所内,因履行工作职责受到暴力等意外伤害的;患职业病的;因工外出期间,因工作原因受到伤害或发生事故下落不明的;在上下班途中,受到非本人主要责任的交通事故或者城市轨道交通、客运轮渡、火车事故伤害的;法律法规规定的其他情形。除此之外,部分情况虽然无法认定为工伤,但法律将其视同为工伤,主要包括:劳动者在工作时间和工作岗位,突发疾病死亡或在48小时之内经抢救无效死亡的;在维护国家利益、公共利益活动中受到伤害的;以及因战、因公负伤致残的退役军人旧伤复发的情况。在本案中,苏某所受伤害虽然未发生于工作时间或工作场所,但是上下班的过程却是由工作延伸而来的正常通勤需求,在此期间劳动者非因本人主要责任发生的交通事故都可被认定为工伤。鉴于苏某在交通事故中负同等责任而非主要责任,其伤害应当被认定为工伤。因此,苏某丈夫可以依法向社会保险行政部门申请工伤认定,维护苏某与其自身的合法权益。

知识链接

国务院《工伤保险条例》

第十四条 职工有下列情形之一的,应当认定为

笔记区

工伤：

（一）在工作时间和工作场所内，因工作原因受到事故伤害的；

（二）工作时间前后在工作场所内，从事与工作有关的预备性或者收尾性工作受到事故伤害的；

（三）在工作时间和工作场所内，因履行工作职责受到暴力等意外伤害的；

（四）患职业病的；

（五）因工外出期间，由于工作原因受到伤害或者发生事故下落不明的；

（六）在上下班途中，受到非本人主要责任的交通事故或者城市轨道交通、客运轮渡、火车事故伤害的；

（七）法律、行政法规规定应当认定为工伤的其他情形。

第十五条 职工有下列情形之一的，视同工伤：

（一）在工作时间和工作岗位，突发疾病死亡或者在48小时之内经抢救无效死亡的；

（二）在抢险救灾等维护国家利益、公共利益活动中受到伤害的；

（三）职工原在军队服役，因战、因公负伤致残，已取得革命伤残军人证，到用人单位后旧伤复发的。

职工有前款第（一）项、第（二）项情形的，按照本条例的有关规定享受工伤保险待遇;职工有前款第(三)项情形的,按照本条例的有关规定享受除一次性伤残补助金以外的工伤保险待遇。

纠纷解决技巧

劳动者应知道法律所规定的应当认定为工伤以及视同工伤的具体情形,当自身遭遇同“三工”要素相关的伤害时应及时向社会保险行政部门申请工伤认定,以尽快享受相应的工伤待遇。如劳动者或其亲属对工伤认定结果不服的,有权提起行政复议或行政诉讼,对相应决定进行重新审查。

试题

以下哪一情形应视同工伤处理?(　　)[①]

A. 劳动者在工作时间和工作场所内,因工作原因受到事故伤害的

B. 劳动者在工作时间和工作岗位,突发疾病死亡或者在 48 小时之内经抢救无效死亡的

C. 劳动者在工作时间和工作场所内,因履行工作职责受到暴力等意外伤害的

D. 劳动者因工外出期间,由于工作原因受到伤害或者发生事故下落不明的

---

① 答案:B。

笔记区

▶ 45. 用人单位在劳动合同中排除工伤保险待遇条款该怎么办?

案例

小田成功应聘为某公司会计。在与公司签订劳动合同时,他注意到合同中有一条款写道:“本单位职工在工作过程中应注意身心健康,单位对于其在工作中受到的一切伤害概不负责。”考虑到会计工作本身没什么危险性,加上自己身体一直十分健康,小田就没多想,与公司签订了合同。某天,小田在工作时摔伤而住院治疗,并自行支付了各项医药费用。出院后小田意识到自己的情况可以被认定为工伤,便向公司主张工伤待遇。公司却表示小田在入职时已经同意了公司对其工伤概不负责的条款,无权向公司主张工伤待遇。小田认为公司的做法很不合理,他想知道他的情况到底能不能享受工伤待遇呢?

法律分析

用人单位具有参加工伤保险,为本单位全部职工或雇工缴纳工伤保险费的法定义务。如用人单位在劳动合同中免除自己的法定责任、排除劳动者权利的,相关条款并不具备法律效力。在本案中,公司在劳动合同中排除小田

笔记区

工伤保险待遇的条款无效,公司需要承担为小田办理工伤保险的法定责任。由于小田所受伤害是在工作时摔倒所致,如这一伤害被社会保险行政部门认定为工伤,公司既需要承担未参加工伤保险的行政责任,补交应当缴纳的工伤保险费并缴纳相应的滞纳金乃至于罚款,还需依照相应的工伤保险待遇项目和标准向小田支付费用。

知识链接

《中华人民共和国劳动合同法》第二十六条 下列劳动合同无效或者部分无效……(二)用人单位免除自己的法定责任、排除劳动者权利的……

国务院《工伤保险条例》

第二条 中华人民共和国境内的企业、事业单位、社会团体、民办非企业单位、基金会、律师事务所、会计师事务所等组织和有雇工的个体工商户(以下称用人单位)应当依照本条例规定参加工伤保险,为本单位全部职工或者雇工(以下称职工)缴纳工伤保险费。

中华人民共和国境内的企业、事业单位、社会团体、民办非企业单位、基金会、律师事务所、会计师事务所等组织的职工和个体工商户的雇工,均有依照本条例的规定享受工伤保险待遇的权利。

第六十二条 用人单位依照本条例规定应当参加工

笔记区

伤保险而未参加的，由社会保险行政部门责令限期参加，补缴应当缴纳的工伤保险费，并自欠缴之日起，按日加收万分之五的滞纳金；逾期仍不缴纳的，处欠缴数额1倍以上3倍以下的罚款。

依照本条例规定应当参加工伤保险而未参加工伤保险的用人单位职工发生工伤的，由该用人单位按照本条例规定的工伤保险待遇项目和标准支付费用。

用人单位参加工伤保险并补缴应当缴纳的工伤保险费、滞纳金后，由工伤保险基金和用人单位依照本条例的规定支付新发生的费用。

纠纷解决技巧

为职工缴纳工伤保险费是用人单位的法定义务，单位不能以职工同意放弃参加社会保险的权利而免除其责任。实践中劳动者如遇此种情况，可以向社会保险行政部门进行投诉举报，由有关机关责令用人单位限期参加，以切实维护自身合法权益。

试题

笔记区

用人单位与劳动者约定的排除工伤保险待遇条款的法律效果如何？(　　)[1]

A. 条款有效,用人单位无须为劳动者参与工伤保险

B. 条款有效,劳动者需自行参加工伤保险

C. 条款有瑕疵,用人单位需要为劳动者参与人身意外险

D. 条款无效,用人单位依然需要承担为劳动者参与工伤保险的法定义务

① 答案:D。

笔记区

46. 用人单位能否以人身意外险代替工伤保险？

案例

蔡某在某建筑公司从事隧道立架工的工作。在与公司协商签订劳动合同时，公司表示蔡某在工作中可能会面临隧道坍塌、落石等诸多风险，具有较高的危险性，为了保障他的权益，需要为他办理保险，并为他提供了办理工伤保险或人身意外伤害保险两项选择。蔡某也不知道哪种更好。公司则表示人身意外伤害险保障的范围更广，赔偿的金额更高，建议他选择这种。蔡某于是听从了公司的安排。之后，蔡某从朋友处了解到为员工办理工伤保险是用人单位的法定义务。考虑到自己已经参加了人身意外险，权益具有了一定的保障，蔡某也不清楚自己还有没有资格参与工伤保险，他想知道法律对于他的情况是如何规定的？

法律分析

用人单位具有为职工办理工伤保险的法定义务。对于建筑施工企业而言，其不仅应当依法为职工参加工伤保险、缴纳工伤保险费，还可在此基础上根据自身情况为从

笔记区

事危险作业的职工办理意外伤害保险并支付保险费。这意味着办理工伤保险与人身意外险并非相互替代的关系。前者是用人单位的法定义务;后者则由单位结合用工情况自行选择办理。之所以如此,是因为工伤保险旨在为因工受伤员工提供基本生活保障,通过一次性待遇、长期待遇等满足员工或其家属的基本生活需要,发挥着"雪中送炭"的基础性保障功能。而人身意外伤害保险作为一种以营利为目的的商业保险,根据合同约定与保险费的数额提供一次性赔付保险金,更适宜作为"锦上添花"的额外保障。据此,某建筑公司为蔡某办理人身意外伤害保险的行为并不能免除其为员工办理工伤保险的法定义务,公司应当依法为蔡某补办保险,并补缴相应的保险费用。

知识链接

《中华人民共和国建筑法》第四十八条 建筑施工企业应当依法为职工参加工伤保险缴纳工伤保险费。鼓励企业为从事危险作业的职工办理意外伤害保险,支付保险费。

国务院《工伤保险条例》第二条 中华人民共和国境内的企业、事业单位、社会团体、民办非企业单位、基金会、律师事务所、会计师事务所等组织和有雇工的个体工商户(以下称用人单位)应当依照本条例规定参加工伤保险,为

笔记区

本单位全部职工或者雇工(以下称职工)缴纳工伤保险费。

中华人民共和国境内的企业、事业单位、社会团体、民办非企业单位、基金会、律师事务所、会计师事务所等组织的职工和个体工商户的雇工,均有依照本条例的规定享受工伤保险待遇的权利。

纠纷解决技巧

为劳动者办理工伤保险是用人单位的法定义务,用人单位不得以已经为劳动者办理了人身意外险为由拒绝办理工伤保险。这在基本养老保险、基本医疗保险等其他类别的保险上也是同理。在劳动合同的订立阶段,劳动者便应当明确合同中的社会保险条款是否合法合规,发现违法现象时应及时与单位沟通,必要时可拒绝签约。如违法行为发生于合同履行阶段,劳动者可向社会保险行政部门寻求帮助,依法维权。

试题

以下哪种社会保险可以为商业保险所替代?(　　)①

A. 工伤保险　　B. 基本养老保险

C. 失业保险　　D. 以上都不可以

① 答案:D。

笔记区

47. 非法用工导致的伤害应如何进行赔偿?

案例

罗某在某园林绿化公司从事道路绿化工程的种植与养护工作。一日,罗某在作业过程中,被路边疾驰而过的车辆撞伤,经当地劳动能力鉴定委员会鉴定为七级伤残,且道路交通事故认定罗某对此事故不负责任。罗某就此向园林绿化公司主张赔偿,公司却表示他们没有营业执照,并非劳动法上的合法用工主体,无须执行工伤保险制度,罗某无权向其主张工伤待遇。罗某认为自己属于因工负伤,公司理应对其承担责任。他想知道法律对于他的情况是如何规定的,是否真如单位所言,没有营业执照就可以不对工伤员工进行赔偿吗?

法律分析

用人单位应对非法用工行为及其造成的损害承担赔偿责任,而不能以自身并不具备合法经营资格等理由逃避责任。针对非法用工导致劳动者伤亡的情况,法律要求包括无营业执照或者未经依法登记、备案的单位,被依法吊销营业执照或者撤销登记、备案的单位,以及使用童工的单位向伤残职工(童工)或者死亡职工(童工)的近亲属依

笔记区

据不低于工伤保险待遇的赔偿标准支付一次性补偿，包括受到事故伤害或者患职业病的职工或童工在治疗期间的费用和一次性赔偿金，其中，一次性赔偿金应在劳动者死亡或进行劳动能力鉴定后加以确定。据此，本案中某园林绿化公司虽然没有营业执照，却同样需要对罗某因工伤残的结果承担责任，依法向其支付治疗期间的费用和与七级伤残结果相对应的一次性赔偿金。

知识链接

国务院《工伤保险条例》第六十六条 无营业执照或者未经依法登记、备案的单位以及被依法吊销营业执照或者撤销登记、备案的单位的职工受到事故伤害或者患职业病的，由该单位向伤残职工或者死亡职工的近亲属给予一次性赔偿，赔偿标准不得低于本条例规定的工伤保险待遇；用人单位不得使用童工，用人单位使用童工造成童工伤残、死亡的，由该单位向童工或者童工的近亲属给予一次性赔偿，赔偿标准不得低于本条例规定的工伤保险待遇。具体办法由国务院社会保险行政部门规定。

前款规定的伤残职工或者死亡职工的近亲属就赔偿数额与单位发生争议的，以及前款规定的童工或者童工的近亲属就赔偿数额与单位发生争议的，按照处理劳动争议的有关规定处理。

笔记区

人力资源和社会保障部《非法用工单位伤亡人员一次性赔偿办法》

第三条 一次性赔偿包括受到事故伤害或者患职业病的职工或童工在治疗期间的费用和一次性赔偿金。一次性赔偿金数额应当在受到事故伤害或者患职业病的职工或童工死亡或者经劳动能力鉴定后确定。

劳动能力鉴定按照属地原则由单位所在地设区的市级劳动能力鉴定委员会办理。劳动能力鉴定费用由伤亡职工或童工所在单位支付。

第七条 单位拒不支付一次性赔偿的,伤残职工或者死亡职工的近亲属、伤残童工或者死亡童工的近亲属可以向人力资源和社会保障行政部门举报。经查证属实的,人力资源和社会保障行政部门应当责令该单位限期改正。

纠纷解决技巧

劳动者在找工作时实际上并不具有足够的能力判断用人单位是否具有合法经营资格。如果不要求非法用工单位对劳动者因工伤亡的行为承担责任,显然有违公正,可能对劳动者利益造成损害,故法律规定了非法用工单位支付一次性赔偿的义务。在实践中,如果伤残职工(童工)或者死亡职工(童工)的近亲属遇到非法用工单位拒绝支付一次性补偿的情况,可以向人力资源和社会保障行政部

笔记区

门举报,由其责令单位限期改正。

试题

以下关于非法用工致伤(死)的表述,哪一项是正确的?(　　)①

A. 非法用工单位无须为工伤员工提供保障

B. 非法用工单位支付的一次性赔偿仅包括职工(童工)在治疗期间支付的费用

C. 一次性赔偿金数额应当在受到事故伤害或者患职业病的职工或童工死亡或者经劳动能力鉴定后确定

D. 劳动能力鉴定费用应由伤亡职工或童工自行支付

① 答案:C。

笔记区

48. 未订立劳动合同时发生工伤该怎么办?

案例

小范是某公司的运输司机。一日在开车外出送货途中,小范驾驶的车辆与一货车相撞,导致小范身受重伤。交警认定货车司机对事故负主要责任,小范负次要责任。在小范住院期间,公司虽然曾派人来看望他,却并未支付小范的医药费。因此,小范只得自掏腰包进行垫付。出院后,小范向饮料公司索要赔偿,却被告知小范和公司间只签订了劳务合同,而非劳动合同,这种情形无法进行工伤认定,所以公司无法向小范提供工伤待遇,但可以提供一些补偿。小范认为公司的做法是在推卸责任,想知道未签劳动合同公司就不应对自己的工伤负责吗?

法律分析

尽管法律规定劳动者与用人单位建立劳动关系需要订立书面形式的劳动合同,但这并不意味着未签劳动合同,劳动关系就不存在。只要用人单位存在事实上的用工行为,劳资双方自用工之日起即建立劳动关系。在工伤认定问题上,法律虽然将劳动关系存在作为工伤认定的前提,却允许劳动者在劳动合同以外提交其他证据以证明其

笔记区

与用人单位间存在事实劳动关系。因此,即便本案中小范未与公司订立书面形式的劳动合同,也不能否认二者之间存在实质意义上的事实劳动关系。小范依旧可以向社会保险行政部门申请工伤认定,享受相应的工伤保险待遇。同时,由于饮料公司并未给小范缴纳工伤保险费用,则其需要按照相应的工伤保险待遇项目及标准向小范支付费用。

知识链接

《中华人民共和国劳动合同法》第七条 用人单位自用工之日起即与劳动者建立劳动关系。用人单位应当建立职工名册备查。

国务院《工伤保险条例》

第十八条 提出工伤认定申请应当提交下列材料……(二)与用人单位存在劳动关系(包括事实劳动关系)的证明材料……

第六十二条第二款 依照本条例规定应当参加工伤保险而未参加工伤保险的用人单位职工发生工伤的,由该用人单位按照本条例规定的工伤保险待遇项目和标准支付费用。

纠纷解决技巧

尽管劳动者与用人单位未订立书面形式的劳动合同,

笔记区

但只要二者间存在事实上的劳动关系,用人单位便需要就其工伤承担相应的责任。当劳动者申请工伤认定时,虽然无法出具劳动合同,但仍可提交领取工资证明、同事的书面证明、考勤记录等证据证明与用人单位间存在事实上的劳动关系。此时,如果单位未给劳动者缴纳工伤保险费用,应当按照法律法规规定的工伤保险待遇项目和标准向劳动者支付费用。

试题

以下关于未订立劳动合同时发生工伤的论述,哪一项是正确的?(　　)①

A. 未订立劳动合同无法证明劳动关系存在时,用人单位无须承担工伤保险责任

B. 未订立劳动合同劳动者便无法申请工伤认定

C. 劳动者在申请工伤认定时可以在劳动合同之外寻找其他证据证明事实劳动关系存在

D. 用人单位未给劳动者参加工伤保险,劳动者就无法享受工伤保险待遇

① 答案:C。

笔记区

▶ 49. 解除劳动合同后发现患有职业病能否享受工伤待遇?

案例

任某是某水泥厂的职工。由于长期工作在布满粉尘的环境中,他的身体健康受到了影响,出现了经常性的咳嗽、胸痛、呼吸困难等问题。任某就此多次向领导反映,要求更换工作岗位,但都没有得到回应。出于健康考虑,任某只得主动与工厂解除劳动合同。此后,任某一直待业在家。在一次健康体检中,医生告知任某可能患有尘肺,后经专业机构鉴定为职业病水泥尘肺一期,伤残四级。任某便向水泥厂提出自己应当享受职业病待遇,却被告知任某已经不是水泥厂的职工,工厂无须对他所患疾病负责。

法律分析

职业病,是指劳动者在职业活动中因接触粉尘、放射性物质和其他有毒、有害因素而引起的疾病。劳动者患职业病的,应当依法认定为工伤。由于用人单位有毒、有害的工作环境对于劳动者的影响往往是潜移默化的,可能会存在劳动者在职期间未发病,离职后被检查出患有职业病的情况。针对这一情况,法律规定如劳动者曾经从事接触

笔记区

职业病危害作业、当时没有发现罹患职业病、离开工作岗位后被诊断或鉴定为职业病,且在离职后未再从事接触职业病危害作业的,可以在诊断、鉴定为职业病之日起一年内申请工伤认定,享受相应的工伤待遇。本案中任某在与水泥厂解除劳动合同前一直在充满灰尘的环境中工作,身体早已受损,在离职后任某也一直待业在家,未曾继续接触粉尘环境。这说明任某的尘肺病是在水泥厂工作所致,其在认定为工伤后当然有权享受相应的职业病待遇。

知识链接

国务院《工伤保险条例》第十四条 职工有下列情形之一的,应当认定为工伤……(四)患职业病的……

人力资源和社会保障部《关于执行〈工伤保险条例〉若干问题的意见》 八、曾经从事接触职业病危害作业、当时没有发现罹患职业病、离开工作岗位后被诊断或鉴定为职业病的符合下列条件的人员,可以自诊断、鉴定为职业病之日起一年内申请工伤认定,社会保险行政部门应当受理……(二)劳动或聘用合同期满后或者本人提出而解除劳动或聘用合同后,未再从事接触职业病危害作业的人员。……

纠纷解决技巧

劳动者在工作中如遇到因工作导致的身体不适,应及

笔记区

时进行健康检查。用人单位发现劳动者可能患有职业病时，也有义务及时安排其进行诊断。这有助于尽快确定劳动者的健康状况，避免后续产生不必要的纠纷。但劳动者若在离职后才发现自己罹患职业病，也无须过分担忧。如能够证明相关疾病确与上一用人单位相关，也可依法享有职业病待遇，由相关用人单位承担法律责任。

试题

以下关于职业病的论述，哪一项是正确的？（　　）[1]

A. 劳动者经鉴定患有职业病后就可以主张工伤待遇

B. 劳动者经鉴定患有职业病后还需申请工伤认定才能享受工伤待遇

C. 劳动者离职后才发现患有职业病无法向单位主张责任

D. 用人单位在进行经济性裁员时可以裁掉因罹患职业病而丧失劳动能力的职工

---

① 答案：B。

笔记区

▶ 50. 劳务派遣工的工伤保险应由谁承担?

案例

吕某是甲劳务派遣公司的员工,被派遣到乙公司工作。某日,吕某在工作中被施工吊车所吊物品砸伤,被送至医院抢救,花费了数万元的医疗费。出院后,吕某向乙公司提出工伤保险责任,却被告知公司只是用工单位,不是法律意义上应当承担工伤保险责任的单位,并且公司已经为其提供了符合国家规定的劳动保护条件及安全培训,不应承担事故的责任。吕某只好又去向甲公司主张责任。甲公司却表示吕某是在为乙公司工作的过程中出的事故,与自己没有关系,不应由甲公司承担工伤保险责任。吕某一时犯了难,两个公司各执一词,他到底应向谁主张工伤保险责任呢?

法律分析

我国法律规定用人单位应当依法参加工伤保险,为职工缴纳工伤保险费并承担相应的责任。在劳务派遣关系中,劳务派遣单位是劳动关系中的用人单位,理应为员工办理工伤保险;并当员工在用工单位工作期间因工伤亡时,承担工伤保险责任。不过,这并不意味着实际用工的

笔记区

用工单位无须承担任何法律责任。其应在劳务派遣单位依法申请工伤认定、进行职业病诊断或鉴定时承担相应的协助义务,开展调查核实工作并提供所需的资料。除此之外,劳务派遣单位也可与用工单位进行约定,在其承担工伤保险责任后,由用工单位进行一定的补偿。不过,这是用人单位与用工单位层面的责任分担问题,与劳动者无关。劳动者在发生工伤时向派遣单位主张责任即可。结合本案情况,吕某作为甲劳务派遣公司的劳动者,尽管是在为乙公司工作过程中受伤,也应向甲公司这一用人单位主张责任。由甲公司依法申请工伤认定,并承担相应的工伤保险责任。

知识链接

《中华人民共和国劳动合同法》第五十八条第一款 劳务派遣单位是本法所称用人单位,应当履行用人单位对劳动者的义务……

《中华人民共和国社会保险法》第三十三条 职工应当参加工伤保险,由用人单位缴纳工伤保险费,职工不缴纳工伤保险费。

最高人民法院《关于审理工伤保险行政案件若干问题的规定》第三条 社会保险行政部门认定下列单位为承担工伤保险责任单位的,人民法院应予支持……(二)劳务派遣

笔记区

遣单位派遣的职工在用工单位工作期间因工伤亡的,派遣单位为承担工伤保险责任的单位……

人力资源和社会保障部《劳务派遣暂行规定》第十条

被派遣劳动者在用工单位因工作遭受事故伤害的,劳务派遣单位应当依法申请工伤认定,用工单位应当协助工伤认定的调查核实工作。劳务派遣单位承担工伤保险责任,但可以与用工单位约定补偿办法。

被派遣劳动者在申请进行职业病诊断、鉴定时,用工单位应当负责处理职业病诊断、鉴定事宜,并如实提供职业病诊断、鉴定所需的劳动者职业史和职业危害接触史、工作场所职业病危害因素检测结果等资料,劳务派遣单位应当提供被派遣劳动者职业病诊断、鉴定所需的其他材料。

纠纷解决技巧

在劳务派遣关系中,应由劳务派遣单位这一用人单位为劳动者办理工伤保险,承担相应的工伤保险责任。被派遣劳动者如在用工期间因工负伤,应向派遣单位主张责任。如派遣单位拒不承担工伤保险责任,可以向社会保险行政部门进行举报,采取法律手段维护自身合法权益。

笔记区

试题

以下关于劳务派遣工的工伤保险问题的论述,哪一项是正确的?(　　)[①]

A. 劳务派遣用工可以不参与工伤保险

B. 劳务派遣工需自行缴纳工伤保险费用

C. 劳务派遣单位是承担工伤保险责任的单位

D. 用工单位在工伤保险问题上无须承担任何责任或义务

---

① 答案:C。

笔记区

▶ 51. 违法转包发生工伤时谁来担责?

案例

某建筑公司将其承建的综合楼工程中的模板项目分包给张某,张某又将该项目转包给杨某。后何某在杨某承包的项目中工作。一日在工作过程中,何某不慎摔伤骨折。于是他向杨某主张承担工伤责任。杨某却说工程是从张某处承包的,自己与张某都不是合法的用工主体,也都不具有从事建筑行业的施工资质,没法向他承担工伤保险责任,让何某去找建筑公司讨说法。建筑公司却说自己根本不认识何某,何某也不是自己的员工,不应找自己主张责任。在各方的责任推卸之下,何某也不知道该怎么办,他想知道他的情况到底该由谁来担责?

法律分析

在通常情况下,用人单位承担工伤责任需以与劳动者间存在劳动关系为前提。但在违法转包的情况下,无论是作为转包方的用工单位,还是承接项目的一系列不具有用工主体资格的组织或自然人,与劳动者之间都不具备劳动关系。此时,为避免用工单位通过非法转包行为逃避工伤保险责任,使劳动者丧失相应的工伤保险待遇,法律将相

笔记区

关事宜作为特别事项进行了例外处理。在非法转包情形下,工伤保险责任的承担不以存在劳动关系为前提。当用工单位将承包业务违法转包给不具备用工主体资格的组织或自然人时,如该组织或自然人聘用的职工从事承包业务时因工伤亡,需由用工单位承担工伤保险责任。据此,本案中尽管何某与某建筑公司间不存在劳动关系,但鉴于后者实施了违法转包行为,并且具备用工主体资格,公司应当依法对何某因工所受伤害承担工伤保险责任。

知识链接

最高人民法院《关于审理工伤保险行政案件若干问题的规定》第三条第一款 社会保险行政部门认定下列单位为承担工伤保险责任单位的,人民法院应予支持……(四)用工单位违反法律、法规规定将承包业务转包给不具备用工主体资格的组织或者自然人,该组织或者自然人聘用的职工从事承包业务时因工伤亡的,用工单位为承担工伤保险责任的单位……

原劳动和社会保障部《关于确立劳动关系有关事项的通知》 四、建筑施工、矿山企业等用人单位将工程(业务)或经营权发包给不具备用工主体资格的组织或自然人,对该组织或自然人招用的劳动者,由具备用工主体资格的发包方承担用工主体责任。

笔记区

纠纷解决技巧

在实践中，建筑施工、矿山企业等用人单位将工程发包给不具备用工主体资格的组织或自然人的情况时有发生。劳动者从事相关工作时，如遇到类似的违法转包情况，不必为无法享受工伤待遇而担忧。当劳动者在从事承包项目时因工受伤时，劳动者可以向具有用工主体资格的发包单位主张工伤保险责任。若单位拒不承担法律责任，劳动者还可依法向社会保险行政部门举报。在行政机关的帮助下惩治违法发包行为，维护自身合法权益。

试题

用工单位违反法律、法规规定将承包业务转包给不具备用工主体资格的组织或者自然人，该组织或者自然人聘用的职工从事承包业务时因工伤亡的，由谁来承担工伤保险责任？（　　）①

A. 承包业务的组织或自然人

B. 用工单位

C. 用工单位与承包主体共同承担责任

D. 以上主体都不需要承担责任

① 答案：B。

笔记区

▶ 52. 劳动者发生工伤后可以获得哪些赔偿?

案例

付某在一家机械制造厂工作。某日,在进行机械加工工作时,因厂房设备出现故障,付某不幸负伤,右下肢截肢,并经劳动能力鉴定委员会鉴定为四级伤残。遭受此等变故的付某一时间对未来的人生感到绝望。这时,朋友提醒付某他的情况属于工伤,可以享受工伤保险待遇,不仅可以报销相应的医疗费用,以后还可按月得到一笔费用。付某听后又重新燃起了生活的希望,他想知道自己的情况到底能够享受什么待遇,获得哪些赔偿?

法律分析

法律规定因工负伤的劳动者主要可以享受五个方面的工伤保险待遇:(1)工伤医疗待遇。劳动者可以享有符合法定标准的医疗费用、住院伙食补助费、交通费、食宿费以及工伤康复费用等。(2)安装辅助器具的费用。工伤职工如有需要,经劳动能力鉴定委员会确认,可以安装假肢、矫形器、假眼、假牙和配置轮椅等辅助器具,由工伤保险基金支付相应费用。(3)停工留薪期内的工资待遇。劳动者在暂停工作接受工伤医疗的停工留薪期内,公司需按月向其支付工资福利待遇。(4)生活护理费。依法认定需要生活护理的劳动者,由工伤保险基金向其按月支付生活护理费。(5)伤残补助金。根据职工的伤残等级向其支付相应的一次性伤残补助金、一次性伤残就业补助金、一次性医疗补助金、按月支付伤残津贴等。在本案中,由于付某因工致残并经鉴定为四级伤残,他可依法享有上述五类工伤保险待遇,并在伤残补助金方面,在保留劳动关系、退出工作岗位的同时,享有一次性伤残补助金及按月支付的伤残津贴。

知识链接

国务院《工伤保险条例》

第三十条 职工因工作遭受事故伤害或者患职业病进行治疗,享受工伤医疗待遇。

职工治疗工伤应当在签订服务协议的医疗机构就医,情况紧急时可以先到就近的医疗机构急救。

治疗工伤所需费用符合工伤保险诊疗项目目录、工伤保险药品目录、工伤保险住院服务标准的,从工伤保险基金支付。工伤保险诊疗项目目录、工伤保险药品目录、工伤保险住院服务标准,由国务院社会保险行政部门会同国务院卫生行政部门、食品药品监督管理部门等部门规定。

职工住院治疗工伤的伙食补助费,以及经医疗机构出

笔记区

具证明，报经办机构同意，工伤职工到统筹地区以外就医所需的交通、食宿费用从工伤保险基金支付，基金支付的具体标准由统筹地区人民政府规定。

工伤职工治疗非工伤引发的疾病，不享受工伤医疗待遇，按照基本医疗保险办法处理。

工伤职工到签订服务协议的医疗机构进行工伤康复的费用，符合规定的，从工伤保险基金支付。

第三十二条 工伤职工因日常生活或者就业需要，经劳动能力鉴定委员会确认，可以安装假肢、矫形器、假眼、假牙和配置轮椅等辅助器具，所需费用按照国家规定的标准从工伤保险基金支付。

第三十三条第一款 职工因工作遭受事故伤害或者患职业病需要暂停工作接受工伤医疗的，在停工留薪期内，原工资福利待遇不变，由所在单位按月支付。

第三十四条第一款 工伤职工已经评定伤残等级并经劳动能力鉴定委员会确认需要生活护理的，从工伤保险基金按月支付生活护理费。

第三十五条第一款 职工因工致残被鉴定为一级至四级伤残的，保留劳动关系，退出工作岗位，享受以下待遇：（一）从工伤保险基金按伤残等级支付一次性伤残补助金……（二）从工伤保险基金按月支付伤残津贴……

笔记区

纠纷解决技巧

法律为工伤劳动者提供了充分保障,以减少其在看病就医及此后正常工作生活方面的困难。当然,并非仅在用人单位为劳动者办理工伤保险的情况下劳动者才能享受上述待遇,如遇单位未给劳动者缴纳工伤保险费用的情形,工伤劳动者可依法向单位主张支付与其应当享有的工伤保险待遇相应的费用。单位拒不支付的,还可向社会保险行政部门进行举报。

试题

劳动者所享有的工伤医疗待遇包括哪些?(多选)(　　)①

A. 符合法定标准的医疗费用

B. 住院伙食补助费

C. 工伤康复费用

D. 一次性伤残就业补助金

---

① 答案:ABC。

笔记区

▶ 53. 农民工能否享受基本养老保险待遇?

案例

胡大婶进城务工,自2011年7月起在某公司从事保洁工作。随着年龄的增长,胡大婶感到身体不如以前,开始担心退休后该如何取得生活来源的问题。公司的前台却让她不必担心,说公司都为员工缴纳了基本养老保险,退休后每月能够拿到一笔退休金。然而,胡大婶却记得自己在与公司订立劳动合同时,公司并未提到养老保险。她向经理询问却被告知,公司只具有给城镇职工上社保的义务,而胡大婶是农村户口,不能参与基本养老保险。胡大婶听了很生气,认为自己受到了歧视,她想知道自己到底能不能参与基本养老保险,并在退休后享受相应的待遇。

法律分析

我国法律明确规定,职工应当参加基本养老保险,由用人单位和职工共同缴纳基本养老保险费用,并明确指出进城务工的农村居民也应依照法律规定参加社会保险。这意味着无论劳动者的户口为城镇户口还是农村户口,只要其与用人单位建立了劳动关系,都应依法参加基本养老保险,在达到法定退休年龄并累计缴费满15年时,享有按

笔记区

月领取基本养老金的权益。显然,本案中公司以劳动者的户口类别为依据对其是否参加基本养老保险进行区别对待的行为违反法律规定。公司应当依法为胡大婶补办包括基本养老保险在内的社会保险,并补缴相应的费用,维护职工享有基本社会保障的合法权益。

知识链接

《中华人民共和国社会保险法》

第十条 职工应当参加基本养老保险,由用人单位和职工共同缴纳基本养老保险费。

无雇工的个体工商户、未在用人单位参加基本养老保险的非全日制从业人员以及其他灵活就业人员可以参加基本养老保险,由个人缴纳基本养老保险费。

公务员和参照公务员法管理的工作人员养老保险的办法由国务院规定。

第十六条 参加基本养老保险的个人,达到法定退休年龄时累计缴费满十五年的,按月领取基本养老金。

参加基本养老保险的个人,达到法定退休年龄时累计缴费不足十五年的,可以缴费至满十五年,按月领取基本养老金;也可以转入新型农村社会养老保险或者城镇居民社会养老保险,按照国务院规定享受相应的养老保险待遇。

笔记区

第九十五条 进城务工的农村居民依照本法规定参加社会保险。

纠纷解决技巧

随着我国社会保障体系的建立与完善，全体公民得以更加平等地享受社会保险待遇，无论劳动者是城镇户口还是农村户口，都具有依法参与包括基本养老保险在内的社会保险的法定权利。因此，用人单位以劳动者是农民工为由拒绝为其参加社会保险的行为是严重违反法律规定的，劳动者可以采取解除劳动合同并要求用人单位支付经济补偿金、向社会保险行政部门进行举报等措施维护自身合法权益。

试题

农民工可以参加以下哪些社会保险？（多选）（　　）①

A. 工伤保险　　B. 基本医疗保险

C. 基本养老保险　　D. 失业保险

① 答案：ABCD。

笔记区

▶ 54. 用人单位能否以高薪代替缴纳社会保险费?

案例

小魏大学毕业后入职一家公司。在与公司订立劳动合同时,公司负责人表示小魏如选择由公司为其缴纳社会保险费,每月工资为 8000 元;如选择自己去办理社会保险,缴纳相应的费用,每月工资可以达到 9500 元。小魏认为自己刚刚毕业,想趁着年轻多赚点钱,还是多拿一些工资比较合适,于是选择了后者。工作了一年后,小魏从朋友处了解到社会保险的重要性,还听说公司为其上社保是一项法定义务,于是去找公司负责人理论,却被其以自己曾同意放弃办理社会保险为由拒绝办理。小魏十分后悔当初的选择,想知道公司的做法是否符合法律规定?

法律分析

社会保险旨在为处于老、弱、病、残、孕及丧失劳动能力状态下的社会成员提供基本的生活保障,以增进社会福利,维护社会公平,实现全体公民的共同发展。考虑到社会保险的重要性,我国法律明确规定,用人单位和劳动者必须依法参加社会保险,缴纳社会保险费用,非因不可抗

笔记区

力等法定事由不得缓缴、减免社会保险费。在此意义上，用人单位以向劳动者支付高薪替代缴纳社会保险费的做法无疑是违反法律规定的。即便存在劳动者的事先同意，也不能因此免除单位的法定义务。与此同时，劳动者也应保持清醒，意识到用人单位之所以“铤而走险”，实施将社保费用折算成工资的行为，势必因为这对于公司更加有利：以本案中小魏的情况为例，如公司为其缴纳社会保险费，以其8000元的月工资为计算基数，公司仅基本养老保险一项就要为其每月缴纳1600元的费用，这已然高于公司向其多支付的1500元工资，更不用说加上其他类别的保险费用。为了这所谓的“高薪”，小魏还将损失退休、就医、工伤等情况下所能享受的待遇，显然得不偿失。毫无疑问，本案中公司出于节约用工成本的目的，将社会保险费用折算为工资的做法严重违反法律规定，公司应当尽快为小魏补办保险并补缴费用，提高用工的合法性与规范性。

知识链接

《中华人民共和国劳动法》第七十二条 社会保险基金按照保险类型确定资金来源，逐步实行社会统筹。用人单位和劳动者必须依法参加社会保险，缴纳社会保险费。

《中华人民共和国社会保险法》第六十条 用人单位

应当自行申报、按时足额缴纳社会保险费,非因不可抗力等法定事由不得缓缴、减免。职工应当缴纳的社会保险费由用人单位代扣代缴,用人单位应当按月将缴纳社会保险费的明细情况告知本人。

无雇工的个体工商户、未在用人单位参加社会保险的非全日制从业人员以及其他灵活就业人员,可以直接向社会保险费征收机构缴纳社会保险费。

纠纷解决技巧

在与用人单位订立劳动合同阶段,劳动者应对合同中的社会保险条款予以重视,坚决拒绝单位将社保费用折算为工资的行为,做到目光长远,勿因眼前之利而纵容单位的违法行为。如劳动者的合法请求遭到单位拒绝,可以采取向社会保险行政部门进行投诉、向劳动争议仲裁委员会提起仲裁申请等措施,依法维护自身社会保障权益。

试题

以下关于社会保险问题的论述,哪些是正确的?(多选)(　　)①

A. 在劳动者同意的情况下,用人单位可以不为其办理工伤保险

① 答案:CD。

笔记区

B. 劳动者有权选择将社会保险费用折算为工资

C. 用人单位仅在具有不可抗力等法定事由的情况下才可以缓缴、减免社会保险费用

D. 无雇工的个体工商户可以直接向社会保险费征收机构缴纳社会保险费

笔记区

▶ 55. 非全日制用工应当如何参与社会保险?

案例

小韩利用课余时间做服务员,约定每周三到周日来店里工作4个小时。在与老板协商相关福利待遇时,老板表示因为小韩是非全日制员工,店里不会为她办理社会保险,如果小韩有需要可以自行向社会保险行政部门申请办理并缴纳相应的费用。小韩认为这并不是很合理,虽然自己在店里工作的时间短,但也属于正式员工,应当享有相应的权益。老板却说法律就是这么规定的,小韩去其他店工作也是如此。小韩也不知道老板说得对不对,她想知道她这种非全日制工到底应当如何参与社会保险呢?

法律分析

考虑到非全日制用工在工作时间、计薪方式以及与用人单位关系上的特殊性,法律在其参与社会保险的问题上进行了特别规定:从事非全日制工作的劳动者可以参加基本养老保险和基本医疗保险,但需要自行向社会保险经办机构申请办理社会保险登记,并向社会保险费征收机构缴纳社会保险费;此外,用人单位应当依法为非全日制劳动者办理工伤保险,缴纳工伤保险费。这意味着用人单位在

笔记区

非全日制劳动者的社会保险问题上并非全无责任，仍需承担为劳动者办理工伤保险的法定义务。据此，本案中咖啡店老板拒绝为小韩办理全部类型的社会保险的做法显然违反了法律规定，其应当依法为小韩办理工伤保险并缴纳工伤保险费用，以维护小韩享有工伤保险待遇的法定权利。

知识链接

《中华人民共和国社会保险法》

第十条第二款 无雇工的个体工商户、未在用人单位参加基本养老保险的非全日制从业人员以及其他灵活就业人员可以参加基本养老保险，由个人缴纳基本养老保险费。

第二十三条第二款 无雇工的个体工商户、未在用人单位参加职工基本医疗保险的非全日制从业人员以及其他灵活就业人员可以参加职工基本医疗保险，由个人按照国家规定缴纳基本医疗保险费。

原劳动和社会保障部《关于非全日制用工若干问题的意见》

三、关于非全日制用工的社会保险

10. 从事非全日制工作的劳动者应当参加基本养老保险，原则上参照个体工商户的参保办法执行。对于已参加

笔记区

过基本养老保险和建立个人账户的人员,前后缴费年限合并计算,跨统筹地区转移的,应办理基本养老保险关系和个人账户的转移、接续手续。符合退休条件时,按国家规定计发基本养老金。

11. 从事非全日制工作的劳动者可以以个人身份参加基本医疗保险,并按照待遇水平与缴费水平相挂钩的原则,享受相应的基本医疗保险待遇。参加基本医疗保险的具体办法由各地劳动保障部门研究制定。

12. 用人单位应当按照国家有关规定为建立劳动关系的非全日制劳动者缴纳工伤保险费。从事非全日制工作的劳动者发生工伤,依法享受工伤保险待遇;被鉴定为伤残5~10级的,经劳动者与用人单位协商一致,可以一次性结算伤残待遇及有关费用。

纠纷解决技巧

针对非全日制用工关系,法律适当减轻了用人单位的社会保险责任,仅赋予其为劳动者办理工伤保险的法定义务,并要求有需要的劳动者自行办理基本养老保险和基本医疗保险。由于非全日制用工可以不订立书面形式的劳动合同,劳动者在找工作时务必与单位进行妥善协商,明确双方在社会保险问题上的权利与义务,从而尽量预防后续纠纷的发生,也避免因自己一时疏忽大意而为用人单位

笔记区

实施违法行为提供便利。

试题

用人单位应当依法为非全日制用工办理哪种(些)社会保险?(　　)①

A. 基本养老保险　　B. 基本医疗保险

C. 工伤保险　　D. 失业保险

① 答案:C。

笔记区

▶ 56. 劳动者在试用期内是否应当参加社会保险?

案例

小徐毕业后到某公司从事销售工作。在与公司订立劳动合同时,公司表示需要与小徐约定1个月的试用期,在试用期内她的工资待遇为2500元,除此之外将不享有包括社会保险在内的其他福利待遇。1个月后如小徐能够很好地胜任工作,再提高她的工资,并为其办理社会保险等事宜。小徐询问其他正在找工作的同学,发现有的同学与她的情况相同,有的则在试用期内就参加了社会保险。小徐对此感到纳闷,她在试用期内到底应不应该参与社会保险呢?

法律分析

法律规定用人单位应当自用工之日起30日内为职工办理社会保险并缴纳相应的费用。虽然试用期为劳资双方提供了相互考察的过程,并且在此期间劳动者与用人单位的关系也受到劳动法专门规则的调整,但这并不意味着试用期是独立于劳动关系之外的特殊关系,其本身包含于劳动合同期限内,其间,实质性的用工事实已经展开。用

笔记区

人单位既然已经与劳动者成立劳动关系，并开始进行用工，当然有义务在试用期内依法为劳动者办理社会保险。基于此，本案中公司在试用期内不为小徐办理社会保险的做法具有明显的违法性，其应当在小徐到岗之日起30日内尽快为其办理社会保险并缴纳社会保险费。

知识链接

《中华人民共和国社会保险法》第五十八条 用人单位应当自用工之日起三十日内为其职工向社会保险经办机构申请办理社会保险登记。未办理社会保险登记的，由社会保险经办机构核定其应当缴纳的社会保险费。

自愿参加社会保险的无雇工的个体工商户、未在用人单位参加社会保险的非全日制从业人员以及其他灵活就业人员，应当向社会保险经办机构申请办理社会保险登记。

国家建立全国统一的个人社会保障号码。个人社会保障号码为公民身份号码。

《中华人民共和国劳动合同法》第十九条 劳动合同期限三个月以上不满一年的，试用期不得超过一个月；劳动合同期限一年以上不满三年的，试用期不得超过二个月；三年以上固定期限和无固定期限的劳动合同，试用期不得超过六个月。

笔记区

同一用人单位与同一劳动者只能约定一次试用期。

以完成一定工作任务为期限的劳动合同或者劳动合同期限不满三个月的,不得约定试用期。

试用期包含在劳动合同期限内。劳动合同仅约定试用期的,试用期不成立,该期限为劳动合同期限。

纠纷解决技巧

即便劳动者处于试用期内,用人单位也具有为其办理社会保险并缴纳社会保险费的法定义务。在与单位协商订立劳动合同期间,劳动者应当明确单位在社会保险问题上的相应政策。当遇到在试用期内不为劳动者办理社会保险的单位时,劳动者应依法与之沟通。如单位拒不调整政策的,劳动者最好拒绝与此类违法违规的单位签约,避免在工作过程中自身权益受到更为严重的侵害。

试题

以下关于试用期的论述,哪一项是正确的?(　　)①

A. 试用期不包含在劳动合同期限内

B. 劳动合同可以仅约定试用期

C. 用人单位应为试用期内的劳动者办理社会保险

D. 试用期最多可以达到 8 个月

① 答案:C。

笔记区

▶ 57. 劳动行政部门在化解劳动纠纷方面发挥什么作用？

案例

佟某在某公司工作，他最近遇到了一件难事。由于在公司工作期间，领导不仅经常安排他长时间加班，还克扣他的加班费，甚至也没有给他办理社会保险，佟某决定辞职不干。向公司递交辞职信后，领导却说最近公司人手不够，不给他办理离职手续，这令佟某十分苦恼。听朋友说遇到用人单位侵犯劳动者权益的情况时，劳动者可以向劳动行政部门举报投诉，由该部门帮助解决问题。佟某想知道自己的情况是否属于劳动行政部门的管理范围，以及处理结果会如何呢？

法律分析

劳动行政部门对违反劳动保障法律、法规或规章的行为实施劳动保障监察，相关事项主要包括用人单位制定劳动规章的情况、与劳动者订立或解除劳动合同的情况、遵守劳务派遣规定的情况、执行工时制和休假制的情况、实行最低工资和支付保障的情况以及办理社会保险和缴纳保险费的情况等内容。劳动行政部门通过日常巡视检查、

笔记区

审查单位报送的材料、接受举报投诉等形式发现用人单位存在上述违法行为时,将会依据法律程序进行调查、检查,采取作出行政处罚决定、要求单位责令改正或作出相应的行政处理决定、撤销立案等处理措施。本案中,佟某遇到的公司安排他长时间加班、克扣加班费、不办理社会保险、违法拒绝与劳动者解除劳动合同等情况都属于劳动行政部门的监管范畴,其可以依法向该部门进行举报投诉,并由该部门在调查、核实单位的违法行为后,作出予以处罚、责令改正等处理决定,维护自身合法权益。

知识链接

《中华人民共和国劳动合同法》

第七十三条 国务院劳动行政部门负责全国劳动合同制度实施的监督管理。

县级以上地方人民政府劳动行政部门负责本行政区域内劳动合同制度实施的监督管理。

县级以上各级人民政府劳动行政部门在劳动合同制度实施的监督管理工作中,应当听取工会、企业方面代表以及有关行业主管部门的意见。

第七十四条 县级以上地方人民政府劳动行政部门依法对下列实施劳动合同制度的情况进行监督检查:

(一)用人单位制定直接涉及劳动者切身利益的规章

笔记区

制度及其执行的情况；

（二）用人单位与劳动者订立和解除劳动合同的情况；

（三）劳务派遣单位和用工单位遵守劳务派遣有关规定的情况；

（四）用人单位遵守国家关于劳动者工作时间和休息休假规定的情况；

（五）用人单位支付劳动合同约定的劳动报酬和执行最低工资标准的情况；

（六）用人单位参加各项社会保险和缴纳社会保险费的情况；

（七）法律、法规规定的其他劳动监察事项。

国务院《劳动保障监察条例》

第十四条第一款 劳动保障监察以日常巡视检查、审查用人单位按照要求报送的书面材料以及接受举报投诉等形式进行。

第十八条 劳动保障行政部门对违反劳动保障法律、法规或者规章的行为，根据调查、检查的结果，作出以下处理：

（一）对依法应当受到行政处罚的，依法作出行政处罚决定；

（二）对应当改正未改正的，依法责令改正或者作出相应的行政处理决定；

（三）对情节轻微且已改正的，撤销立案。

笔记区

发现违法案件不属于劳动保障监察事项的,应当及时移送有关部门处理;涉嫌犯罪的,应当依法移送司法机关。

纠纷解决技巧

劳动行政部门在惩治用人单位的违法行为方面具有重要作用。当劳动者在工作过程中遇到用人单位侵犯自身权益的行为时,都可以向劳动行政部门设立的举报、投诉信箱和电话进行举报,由行政机关依法对单位的违法行为进行调查核实并作出相应的决定,从而及时、有效地维护自身合法权益。

试题

劳动行政部门需对以下哪些违法行为进行监督检查?(多选)(　　)①

A. 用人单位制定直接涉及劳动者切身利益的规章制度及其执行的情况

B. 用人单位与劳动者订立和解除劳动合同的情况

C. 劳务派遣单位和用工单位遵守劳务派遣有关规定的情况

D. 用人单位参加各项社会保险和缴纳社会保险费的情况

---

① 答案:ABCD。

笔记区

58. 调解是解决劳动争议的必经程序吗?

案例

小柳在某公司工作,与公司签订劳动合同约定从事某门店的销售经理工作。后因公司决定取消各门店的行政主管职位,要求小柳服从公司安排进行岗位调配,到公司的加盟管理中心担任营销专员。小柳不愿进行岗位调配,与公司协商未果决定采取法律途径解决争议。然而,公司却告诉他,根据公司规章规定,员工与公司发生纠纷必须先提交公司的劳动争议调解委员会进行调解,之后才能够走其他法律程序。小柳对此表示怀疑,他想知道公司的要求是否符合法律规定?

法律分析

劳动争议调解是劳资双方通过民主协商、互谅互让的方式解决纠纷的重要途径,具有处理及时、便利当事人等优势,可以被视作解决劳动争议的"第一道防线"。然而,当事人是否采取这一举措解决纠纷需要自愿,其并非劳动争议的必经程序。也正因此,法律规定在发生劳动争议后,当事人既可以向调解组织申请调解,也可以申请劳动仲裁以解决纠纷。在调解组织的选择上,法律赋予纠纷当

笔记区

事人三种选择,包括企业劳动争议调解委员会、基层人民调解组织以及在乡镇、街道设立的具有劳动争议调解职能的组织。据此,本案中某公司在规章中要求纠纷必须提交公司的劳动争议调解委员会进行调解的做法显然违反了调解的自愿原则,不符合法律规定。此外,即便劳动者同意进行调解,也并非必须在企业劳动争议调解委员会进行调解,还可以在其他两类组织进行,用人单位无权强制干涉劳动者的选择权利。

知识链接

《中华人民共和国劳动法》第七十九条 劳动争议发生后,当事人可以向本单位劳动争议调解委员会申请调解;调解不成,当事人一方要求仲裁的,可以向劳动争议仲裁委员会申请仲裁。当事人一方也可以直接向劳动争议仲裁委员会申请仲裁。对仲裁裁决不服的,可以向人民法院提起诉讼。

《中华人民共和国劳动争议调解仲裁法》

第五条 发生劳动争议,当事人不愿协商、协商不成或者达成和解协议后不履行的,可以向调解组织申请调解;不愿调解、调解不成或者达成调解协议后不履行的,可以向劳动争议仲裁委员会申请仲裁;对仲裁裁决不服的,除本法另有规定的外,可以向人民法院提起诉讼。

笔记区

第十条　发生劳动争议，当事人可以到下列调解组织申请调解：

（一）企业劳动争议调解委员会；

（二）依法设立的基层人民调解组织；

（三）在乡镇、街道设立的具有劳动争议调解职能的组织。

企业劳动争议调解委员会由职工代表和企业代表组成。职工代表由工会成员担任或者由全体职工推举产生，企业代表由企业负责人指定。企业劳动争议调解委员会主任由工会成员或者双方推举的人员担任。

纠纷解决技巧

调解并非解决劳动争议的必经程序。发生纠纷后，劳动者可以根据自身需要自愿选择是否进行调解以及到哪一个调解组织申请调解。遇到用人单位强行调解的情况，劳动者如不想进行调解或不信任单位的调解委员会，可以依法向其他组织申请调解或向劳动争议仲裁委员会申请仲裁，以妥善解决纠纷。

试题

笔记区

发生劳动争议,当事人可以到何种调解组织申请调解?(　　)[①]

A. 企业劳动争议调解委员会

B. 依法设立的基层人民调解组织

C. 在乡镇、街道设立的具有劳动争议调解职能的组织

D. 以上组织都可以

---

① 答案:D。

笔记区

▶ 59. 发生劳动争议时能否向人民法院起诉?

案例

隋某在某电商公司做后台运营。近日,公司以隋某在近一周内曾连续3天迟到为由要求解除与隋某间的劳动合同。隋某认为公司的做法很不合理,自己之所以迟到是因为每天都在公司加班到深夜,第二天稍微晚一些上岗情有可原。公司却说这是两码事,并表示隋某的行为已经严重扰乱了公司的管理秩序,他需要为自己的错误负责。隋某对此十分气愤,决定起诉公司来维护自己的合法权益。然而,法院告诉隋某,他与公司间的纠纷属于劳动争议,需要先向劳动争议仲裁委员会申请仲裁,不能直接到法院起诉。隋某对此感到十分纳闷。他究竟该采取什么措施来维权呢?

法律分析

我国法律规定,当用人单位与劳动者间发生劳动争议时,当事人既可以进行调解,也可以向劳动争议仲裁委员会申请仲裁,并在对仲裁结果不服的情况下向人民法院提起诉讼。从仲裁与审判的关系上看,我国实际上采取了一种“先裁后审”的劳动争议解决机制,将劳动仲裁视作劳动审判的前置程序,通常仅在劳动者对仲裁结果不服时才可以起诉。不过,这一先裁再诉的规则也具有以下 3 种例外:(1)当用人单位拒不履行劳资双方就支付拖欠的劳动报酬、工伤医疗费、经济补偿或者赔偿金等事项达成的调解协议时,劳动者可以直接向法院申请支付令;(2)当不涉及劳动关系的其他争议时,劳动者可以以用人单位的工资欠条为证据直接向法院提起诉讼;(3)用人单位不履行劳资双方在调解组织主持下仅就劳动报酬争议达成的调解协议时,劳动者也可以直接向法院提起诉讼。本案中隋某与公司间的纠纷属于因解除劳动合同发生的争议,并不属于上述 3 种例外情形,隋某应当依法先向劳动争议仲裁委员会申请仲裁,对其结果不服时再向法院提起诉讼。

笔记区

知识链接

《中华人民共和国劳动争议调解仲裁法》

第五条 发生劳动争议,当事人不愿协商、协商不成或者达成和解协议后不履行的,可以向调解组织申请调解;不愿调解、调解不成或者达成调解协议后不履行的,可以向劳动争议仲裁委员会申请仲裁;对仲裁裁决不服的,除本法另有规定的外,可以向人民法院提起诉讼。

第十六条 因支付拖欠劳动报酬、工伤医疗费、经济补偿或者赔偿金事项达成调解协议,用人单位在协议约定

笔记区

期限内不履行的，劳动者可以持调解协议书依法向人民法院申请支付令。人民法院应当依法发出支付令。

最高人民法院《关于审理劳动争议案件适用法律问题的解释(一)》

第十五条 劳动者以用人单位的工资欠条为证据直接提起诉讼，诉讼请求不涉及劳动关系其他争议的，视为拖欠劳动报酬争议，人民法院按照普通民事纠纷受理。

第五十一条 当事人在调解仲裁法第十条规定的调解组织主持下达成的具有劳动权利义务内容的调解协议，具有劳动合同的约束力，可以作为人民法院裁判的根据。

当事人在调解仲裁法第十条规定的调解组织主持下仅就劳动报酬争议达成调解协议，用人单位不履行调解协议确定的给付义务，劳动者直接提起诉讼的，人民法院可以按照普通民事纠纷受理。

纠纷解决技巧

劳动者在采取劳动争议解决机制处理纠纷时，应遵循“先裁后诉”的基本原则，先向劳动争议仲裁委员会申请仲裁以解决问题，而非直接向法院提起诉讼。例外的是，申请支付令的，无须先行仲裁；劳动者要求用人单位履行调解协议确定的劳动报酬给付义务，或者以用人单位的工资欠条为证据、要求用人单位支付工资的，同样无须先行仲裁。劳动者应知道上述例外与原则,当发生纠纷时选择正确的途径解决问题,避免程序错误影响纠纷的及时有效处理。

试题

劳动者在何种情况下,可以向法院直接起诉解决其与用人单位间的纠纷?(　　)①

A. 用人单位拒不履行劳资双方就支付拖欠的劳动报酬、工伤医疗费、经济补偿或者赔偿金等事项达成的调解协议

B. 劳动者以用人单位的工资欠条为证据直接提起诉讼,并且纠纷不涉及劳动关系的其他争议

C. 用人单位不履行劳资双方在调解组织主持下仅就劳动报酬争议达成的调解协议

D. 以上情况都可以

① 答案:D。

笔记区

▶ 60. 不服劳动仲裁的裁决一定可以起诉吗?

案例

郑某所在单位以公司资金周转不利,经营存在困难为由拖欠郑某3个月的工资(共计10,000元,当地月最低工资标准为2000元)。郑某因与公司协商未果向劳动争议仲裁委员会申请仲裁,要求单位支付拖欠的工资并给予一定的经济补偿,最终其请求得到了仲裁委员会的全部支持。单位却认为郑某并未以公司拖欠工资为由要求解除劳动合同,此时只需要向郑某足额支付拖欠的工资即可,无须支付劳动合同解除或终止时才需支付的经济补偿金,故向法院提起诉讼。然而,法院却表示相关仲裁裁决属于终局裁决,单位不可以就其提起诉讼。单位负责人对此感到疑惑,法律不是规定不服劳动仲裁裁决时可以起诉吗,为何本案的情况存在例外呢?

法律分析

在通常情况下,当事人不服劳动仲裁裁决时可以向法院提起诉讼。例外的是,追索劳动报酬、工伤医疗费、经济补偿或者赔偿金,不超过当地月最低工资标准12个月金额的争议,以及因执行国家的劳动标准在工作时间、休息

笔记区

休假、社会保险等方面发生的争议,实施“一裁终局”。一裁终局的,裁决自作出之日起即发生法律效力,但是劳动者仍可起诉,用人单位需要先基于裁决适用法律法规确有错误、劳动争议仲裁委员会无管辖权、仲裁违反法定程序、裁决依据的证据是伪造的、对方当事人隐瞒了足以影响公正裁决的证据、仲裁员存在违法行为等理由向法院申请撤销裁决,再进行起诉。本案中,郑某向单位追索劳动报酬的数额为10,000元,低于当地月最低工资标准12个月的金额,属于应当实施“一裁终局”的情况。此时,单位因不服裁决而直接向法院起诉的做法是违反程序规定的,其应当先基于裁决存在实体或程序错误的理由申请撤销裁决,再向法院提起诉讼。

知识链接

《中华人民共和国劳动争议调解仲裁法》

第四十七条 下列劳动争议,除本法另有规定的外,仲裁裁决为终局裁决,裁决书自作出之日起发生法律效力:

(一)追索劳动报酬、工伤医疗费、经济补偿或者赔偿金,不超过当地月最低工资标准十二个月金额的争议;

(二)因执行国家的劳动标准在工作时间、休息休假、社会保险等方面发生的争议。

第四十八条 劳动者对本法第四十七条规定的仲裁

笔记区

裁决不服的,可以自收到仲裁裁决书之日起十五日内向人民法院提起诉讼。

第四十九条 用人单位有证据证明本法第四十七条规定的仲裁裁决有下列情形之一,可以自收到仲裁裁决书之日起三十日内向劳动争议仲裁委员会所在地的中级人民法院申请撤销裁决:

(一)适用法律、法规确有错误的;

(二)劳动争议仲裁委员会无管辖权的;

(三)违反法定程序的;

(四)裁决所根据的证据是伪造的;

(五)对方当事人隐瞒了足以影响公正裁决的证据的;

(六)仲裁员在仲裁该案时有索贿受贿、徇私舞弊、枉法裁决行为的。

人民法院经组成合议庭审查核实裁决有前款规定情形之一的,应当裁定撤销。

仲裁裁决被人民法院裁定撤销的,当事人可以自收到裁定书之日起十五日内就该劳动争议事项向人民法院提起诉讼。

第五十条 当事人对本法第四十七条规定以外的其他劳动争议案件的仲裁裁决不服的,可以自收到仲裁裁决书之日起十五日内向人民法院提起诉讼;期满不起诉的,裁决书发生法律效力。

纠纷解决技巧

笔记区

劳动仲裁裁决原则上具有可诉性,仅在涉案金额较少或围绕劳动标准执行问题产生的争议上存在例外,实施“一裁终局”。不过,这一例外对于劳动者并无影响,其仍可在不服仲裁裁决时向法院起诉,对于单位则需要有足够理由证明裁决违法并申请撤销裁决后,才能提起诉讼。劳动争议当事人(尤其是用人单位一方)需明确这两则例外情形,避免因程序选择错误而对维护权益、化解纠纷造成不利影响。

试题

劳动仲裁裁决“一裁终局”的情况有哪些?(多选)(　　)①

A. 追索劳动报酬、工伤医疗费、经济补偿或者赔偿金,不超过当地月最低工资标准 12 个月金额的争议

B. 因订立、履行、变更、解除和终止劳动合同发生的争议

C. 因执行国家的劳动标准在工作时间、休息休假、社会保险等方面发生的争议

D. 因劳动报酬、工伤医疗费、经济补偿或者赔偿金等发生的争议

① 答案:AC。

笔记区

测 试 题

1. 下列哪一个选项属于法律意义上的劳动者？（　　）

A. 军人

B. 农民

C. 享受退休待遇的人员

D. 员工制保姆

2. 下列哪一个选项属于法律意义上的用人单位？（　　）

A. 外国企业常驻代表机构

B. 社会团体

C. 基层群众性自治组织

D. 个人

3. 下列关于劳动合同的论述，哪些是正确的？（多选）（　　）

A. 劳动合同是劳动者与用人单位确立劳动关系、明确双方权利和义务的协议

B. 建立劳动关系可以不订立劳动合同

C. 劳动关系自劳动合同订立之日起成立

D. 劳动合同不必然是书面形式,特定情况下也可以口头订立

4. 下列关于订立劳动合同问题的论述,哪些是正确的?(多选)(　　)

A. 用人单位自用工之日起 1 个月内未与劳动者订立劳动合同的,没有法律后果

B. 用人单位自用工之日起满 1 年不与劳动者订立书面劳动合同的,视为用人单位与劳动者已订立无固定期限劳动合同

C. 由于劳动者的原因,自用工之日起 1 个月内未订立劳动合同的,单位应当终止劳动关系,无须支付经济补偿

D. 由于劳动者的原因,自用工之日起超过 1 个月不满 1 年未订立劳动合同的,用人单位应当终止劳动关系,并且支付经济补偿

5. 下列哪些选项不属于劳动合同的必备条款?(多选)(　　)

A. 劳动者的婚育情况

B. 劳动者的电话号码

C. 劳动者的家庭成员

D. 劳动者的身份证号码

笔记区

6. 用人单位以担保名义向劳动者收取财物的，可能承担哪些法律责任？（多选）（　　）

A. 由劳动行政部门责令限期将财物退还劳动者本人

B. 被以每人 500 元以上 2000 元以下的标准处以罚款

C. 当给劳动者造成损害时，应当承担赔偿责任

D. 情节严重的，承担刑事责任

7. 下列有关试用期的应用情形，哪一项不存在违法情况？（　　）

A. 小芳与单位订立为期 4 年的固定期限劳动合同，约定试用期为 8 个月

B. 小刚与单位约定，连续通过两个为期 6 个月的试用期考核即可转正

C. 小红与单位约定，试用期工资为转正后工资的 80%，并且不低于单位所在地的最低工资标准

D. 小明与单位订立的劳动合同中仅约定了试用期条款

8. 下列关于无固定期限劳动合同的论述，哪些是正确的？（多选）（　　）

A. 用人单位与劳动者协商一致，可以订立无固定期限劳动合同

B. 劳动者在用人单位连续工作满 10 年时，主动提出续订劳动合同的，单位应与其订立无固定期限劳动合同

C. 劳动者与用人单位连续订立两次固定期限劳动合同，并且期间没有违法违约记录，主动提出续订劳动合同的，单位应与其订立无固定期限劳动合同

D. 用人单位自用工之日起满 1 年不与劳动者订立书面劳动合同的，视为用人单位与劳动者已订立无固定期限劳动合同

9. 下列哪些情形影响劳动合同的继续履行？（多选）（　　）

A. 用人单位被依法宣告破产

B. 用人单位被吊销营业执照

C. 用人单位变更名称

D. 用人单位发生分立

10. 下列哪些情形下，劳动者可以即时口头通知用人单位解除劳动合同？（多选）（　　）

A. 用人单位未及时足额支付劳动报酬的

B. 用人单位未依法为劳动者缴纳社会保险费的

C. 用人单位在订立劳动合同时存在欺诈行为致使合同无效的

D. 用人单位以暴力、威胁或者非法限制人身自由的手段强迫劳动者劳动的

11. 下列哪些情形下，用人单位无须提前 30 日告知劳动者并支付经济补偿即可解除劳动合同？（多选）（　　）

笔记区

A. 劳动者不能胜任工作的

B. 劳动者同时与其他用人单位建立劳动关系，对完成本单位的工作任务造成严重影响的

C. 劳动合同订立时所依据的客观情况发生重大变化，致使劳动合同无法履行的

D. 劳动者在订立合同阶段存在严重欺诈致使合同无效的

12. 即便劳动者经培训依旧不能胜任工作，但因存在以下哪些情形，用人单位不得行使劳动合同解除权？（多选）（　　）

A. 劳动者处于孕期、产期、哺乳期

B. 劳动者患病并处于医疗期内

C. 劳动者在本单位连续工作满 15 年，且距法定退休年龄不足 5 年的

D. 劳动者在本单位患职业病或者因工负伤并被确认丧失或者部分丧失劳动能力的

13. 用人单位在进行经济性裁员时，应优先留用何种员工？（多选）（　　）

A. 与本单位订立较长期限的固定期限劳动合同的员工

B. 与本单位订立无固定期限劳动合同的员工

C. 家庭无其他就业人员，有需要扶养的老人或者未成

年人的员工

D. 年满 16 周岁不满 18 周岁的未成年工

14. 用人单位在下列哪些情形不需要向劳动者支付经济补偿金？(多选)(　　)

A. 劳动者主动提出，与用人单位协商一致解除合同的

B. 用人单位提出维持或者提高约定条件续订劳动合同，劳动者不同意续订的

C. 劳动者发生《中华人民共和国劳动合同法》第 39 条规定的严重违法违约情形的

D. 劳动者主体资格灭失的

15. 下列哪些情形劳动者的工资可以低于最低工资标准？(多选)(　　)

A. 劳动者在试用期内的工资

B. 下岗人员的生活费

C. 劳动者在病假期间的工资

D. 除病假以外，劳动者由于本人原因未提供正常劳动的

16. 下列关于加班加点工资的论述，哪些是正确的？(多选)(　　)

A. 最低工资包括加班加点工资

B. 工作日延长劳动时间，应当支付不低于 150% 的工资报酬

笔记区

C. 休息日加班,应当支付不低于200%的工资报酬

D. 年假日加班应当支付不低于200%的工资报酬

17. 劳动合同在何种情形下无效或部分无效?(多选)
(　　)

A. 以欺诈、胁迫的手段或者乘人之危,使对方在违背真实意思的情况下订立或者变更劳动合同的

B. 用人单位免除自己的法定责任、排除劳动者权利的

C. 违反法律、行政法规强制性规定的

D. 劳动者或用人单位主体资格灭失的

18. 下列医疗期的计算方式,哪一项是正确的?
(　　)

A. 劳动者实际工作年限10年以下,在本单位工作年限5年以下,医疗期为2个月

B. 劳动者实际工作年限10年以下,在本单位工作年限5年以上,医疗期为5个月

C. 劳动者实际工作年限10年以上,在本单位工作年限5年以下,医疗期为6个月

D. 劳动者实际工作年限10年以上,在本单位工作年限5年以上10年以下,医疗期为10个月

19. 下列女职工产假的计算方式,哪一项是正确的?
(　　)

A. 女职工生育享受98天产假

笔记区

B. 女职工生育多胞胎的，每多生育 1 个婴儿，增加产假 20 天

C. 女职工怀孕未满 4 个月流产的，享受 20 天产假

D. 女职工怀孕满 4 个月流产的，享受 40 天产假

20. 下列关于工资支付问题的论述，哪些是正确的？(多选)(　　)

A. 工资应当按月支付给劳动者本人

B. 用人单位可以根据自身需要决定工资的支付形式

C. 用人单位拖欠或者未足额支付劳动报酬的，劳动者可以依法向当地人民法院申请支付令

D. 用人单位低于当地最低工资标准支付劳动者工资的，劳动者可以向劳动行政部门进行举报

21. 下列哪些情况用人单位不得要求劳动者缴纳违约金？(多选)(　　)

A. 劳动者跳槽辞职，但未违反竞业限制规定的

B. 劳动者在接受专业培训后，违反服务期约定的

C. 劳动者上班多次迟到的

D. 劳动合同期满后，劳动者拒绝与单位续订合同的

22. 下列关于延长工作时间的论述，哪些选项是正确的？(多选)(　　)

A. 用人单位因特殊原因需要延长工作时间的，在保障劳动者身体健康的条件下延长工作时间每日不得超过 2

笔记区

小时

B. 用人单位以暴力手段强迫劳动者加班的，劳动者可以立即解除劳动合同，无须告知单位

C. 发生自然灾害、事故或者因其他原因，威胁劳动者生命健康和财产安全，需要紧急处理的，劳动者加班时长不受严格限制

D. 劳动者每月延长工作时间不得超过 36 小时

23. 妇女节无法安排妇女休假的，用人单位应当怎么做？（　　）

A. 安排妇女进行补休

B. 向到岗工作的妇女支付 200% 的加班费

C. 向到岗工作的妇女支付 300% 的加班费

D. 如果妇女节恰逢休息日，用人单位应当依法支付休息日的加班工资

24. 下列职工带薪年休假的计算方式，哪一项是正确的？（　　）

A. 职工累计工作不满 1 年的，年休假 2 天

B. 职工累计工作 1 年不满 10 年的，年休假 5 天

C. 职工累计工作满 10 年不满 20 年的，年休假 7 天

D. 职工累计工作满 20 年的，年休假 14 天

25. 未成年工不得从事以下哪些劳动？（多选）（　　）

A. 矿山井下

笔记区

B. 森林业中的伐木、流放及守林作业

C. 有毒有害

D. 国家规定的第四级体力劳动强度的劳动

26. 下列关于招用童工的论述，哪些是正确的？（多选）（　　）

A. 任何单位都不得招用未满 16 周岁的未成年人

B. 招用未满 16 周岁的未成年人，需保障其接受义务教育的权利

C. 用人单位非法招用未满 16 周岁的未成年人的，由劳动行政部门责令改正，处以罚款

D. 用人单位非法招用未满 16 周岁的未成年人，情节严重的，由市场监督管理部门吊销营业执照

27. 怀孕女职工不得从事下列哪些劳动？（多选）（　　）

A. 冷水作业

B. 高处作业

C. 低温作业

D. 国家规定的第三级体力劳动强度的劳动

28. 下列关于劳务派遣的论述，哪些是正确的？（多选）（　　）

A. 劳务派遣单位是用人单位

B. 劳务派遣单位应按月向劳动者支付报酬

C. 用工单位应为劳动者办理工伤保险

笔记区

D. 用工单位给被派遣劳动者造成损害的，劳务派遣单位与用工单位承担连带赔偿责任

29. 下列关于非全日制用工的论述，哪些是正确的？(多选)(　　)

A. 非全日制用工可以订立口头形式的劳动合同

B. 用人单位与非全日制劳动者解除合同无须支付经济补偿

C. 用人单位应为非全日制劳动者办理工伤保险

D. 用人单位应为非全日制劳动者办理基本养老保险、基本医疗保险

30. 下列哪种情形可以被认定为工伤？(　　)

A. 劳动者在工作时间和工作场所内，因工作原因受到事故伤害的

B. 劳动者在工作时间和工作场所内，因故意犯罪受到伤害的

C. 劳动者在工作时间和工作场所内，自残或自杀的

D. 劳动者在抢险救灾等维护国家利益、公共利益活动中受到伤害的

31. 用人单位不为劳动者办理工伤保险，可能承担哪些法律责任？(多选)(　　)

A. 由社会保险行政部门责令限期参加，补缴应当缴纳的工伤保险费

笔记区

B. 自欠缴之日起,按日加收0.05%的滞纳金

C. 逾期仍不缴纳的,处欠缴数额1倍以上3倍以下的罚款

D. 用人单位按照法律规定的工伤保险待遇项目和标准向劳动者支付费用

32. 下列哪些情形属于非法用工?(多选)(　　)

A. 用人单位被吊销营业执照后尚在经营

B. 用人单位未经依法登记、备案即开始经营

C. 用人单位违法使用童工

D. 用人单位不为劳动者办理社会保险

33. 未订立劳动合同时发生工伤,劳动者该怎么办?(　　)

A. 无劳动合同即无劳动关系,故劳动者无法申请工伤认定

B. 劳动者应提出工伤认定申请,并提交与用人单位间存在事实劳动关系的证明材料

C. 劳动者应自行承担各项医疗费用,且因单位未办理工伤保险而难以向其主张责任

D. 劳动者应要求用人单位按照法律规定的工伤保险待遇项目和标准支付费用

34. 劳动者发生工伤后可以获得以下哪些赔偿?(多选)(　　)

笔记区

A. 符合法定标准的医疗费用

B. 停工留薪期内的工资待遇

C. 安装辅助器具的费用

D. 一次性伤残补助金

35. 下列关于社会保险的论述，哪一项是正确的？（　　）

A. 用人单位有权决定以商业保险替代社会保险

B. 劳动者可以选择以高薪替代参与社会保险

C. 用人单位可以不为农民工参与基本养老保险

D. 用人单位应依法为试用期内的劳动者办理社会保险

36. 劳动行政部门对违反劳动保障法律、法规或者规章的行为，根据调查、检查的结果，采取何种处理方式？（多选）（　　）

A. 对依法应当受到行政处罚的，依法作出行政处罚决定

B. 对应当改正未改正的，依法责令改正或者作出相应的行政处理决定

C. 对情节轻微且已改正的，撤销立案

D. 发现违法案件涉嫌犯罪的，应当依法移送司法机关

37. 下列哪些案件属于劳动争议？（多选）（　　）

A. 因确认劳动关系发生的争议

笔记区

B. 劳动者退休后,与尚未参加社会保险统筹的原用人单位因追索养老金、医疗费、工伤保险待遇和其他社会保险待遇而发生的纠纷

C. 劳动者对劳动能力鉴定委员会的伤残等级鉴定结论或者对职业病诊断鉴定委员会的职业病诊断鉴定结论的异议纠纷

D. 劳动者与用人单位因住房制度改革产生的公有住房转让纠纷

38. 发生劳动争议,当事人可以采取何种方式解决?(多选)(　　)

A. 当事人之间进行协商

B. 向调解组织申请调解

C. 向劳动争议仲裁委员会申请仲裁

D. 对仲裁裁决不服的,除法律另有规定外,可以向人民法院提起诉讼

39. 下列关于调解的论述,哪些是正确的?(多选)(　　)

A. 调解是解决劳动争议的必经程序

B. 当事人只能到企业劳动争议调解委员会申请调解

C. 调解协议书由双方当事人签名或者盖章,经调解员签名并加盖调解组织印章后生效,对双方当事人具有约束力

D. 达成调解协议后,一方当事人在协议约定期限内不

笔记区

履行调解协议的,另一方当事人可以依法申请仲裁

40. 下列关于“一裁终局”劳动争议的论述,哪些是正确的?(多选)(　　)

A. 追索劳动报酬、工伤医疗费、经济补偿或者赔偿金,不超过当地月最低工资标准12个月金额的争议属于“一裁终局”的劳动争议

B. 因执行国家的劳动标准在工作时间、休息休假、社会保险等方面发生的争议属于“一裁终局”的争议

C. 劳动者对“一裁终局”争议的裁决不服的,不可以向法院提起诉讼

D. 用人单位对“一裁终局”争议的裁决不服的,需先向法院申请撤销裁决,再进行起诉

参考答案

1. D	2. B	3. AD	4. ABCD	5. ABC
6. ABC	7. C	8. ABCD	9. AB	10. ABC
11. BD	12. ABCD	13. ABC	14. ABCD	15. BCD
16. BC	17. ABC	18. C	19. A	20. ACD
21. ACD	22. BCD	23. D	24. B	25. ABCD
26. BCD	27. ABCD	28. ABD	29. ABC	30. A
31. ABCD	32. ABC	33. BD	34. ABCD	35. D
36. ABCD	37. AB	38. ABCD	39. CD	40. ABD